# 战国故事

## 一口气读懂中国史

将进酒·黄 著

人民东方出版传媒
東方出版社

# 战国大事记

公元前 453 年　赵、韩、魏三晋，灭智伯

公元前 403 年　周天子命三晋（赵、韩、魏）为诸侯

公元前 397 年　聂政刺杀韩相侠累

公元前 381 年　吴起死于楚国

公元前 376 年　赵、韩、魏，灭晋分其地

公元前 361 年　秦孝公立，两年后，商鞅开始变法

公元前 341 年　孙膑大败魏军，杀庞涓

公元前 325 年　赵武灵王立；秦称王

公元前 318 年　楚、赵、魏、韩、燕，五国伐秦，败走

公元前 288 年　秦称西帝，齐称东帝，后又去帝号

公元前 284 年　燕国乐毅伐齐，齐军大败

公元前 279 年　秦王与赵王会于渑池；田单恢复齐国

公元前 260 年　秦国和赵国长平之战

公元前 250 年　吕不韦相秦

公元前 246 年　秦王嬴政立

公元前 227 年　荆轲刺秦王

公元前 221 年　秦灭六国，战国结束

# 目录

## 第一章　大家都是猛人

## 第二章　师兄弟龙虎斗

## 第三章　各显神通

## 第四章　最后的战争

# 引 子

春秋之后是战国。公元前473年，越王勾践灭吴，成为春秋时代最后一位霸主。他的霸主身份和春秋时代一样稍纵即逝。前403年，晋国三个权臣被徒有虚名的周王册封为诸侯，即历史上有名的“三家分晋”，战国时代正式开始。

与春秋时代各国多耽于内战不同，战国时代各国政权基本都能平稳交接，打的主要是灭国战争；与春秋时代霸主们还能主持国际公道不同，战国时代“国不为己，天诛地灭”，小国们再没有生存空间。如果把这些国家看作一家家的公司，那么战国时代就是一个人人争着造大船、集团化上市的时代，这是一个大鱼吃小鱼的时代，也是一个最辉煌和最残忍的时代！

战国的故事其实就是齐、楚、燕、韩、赵、魏、秦七雄的故事。公元前221年，秦国歼灭六国、一统天下，给战国故事拉上了帷幕。中国历史上一个前所未有的巨无霸政权——专制皇权秦帝国，修成正果！

# 第一章　大家都是猛人

人才是第一生产力！战国时代的各国国君最懂得这个道理，当然，如果谁非要跟人才过不去，那毫无疑问只有死路一条。于是，战国开始的时候，“以人为本”“最最热烈地欢迎某某人才进驻我国”就成了各国最常见的标语、口号。各国的特长生们也得以扬眉吐气，在战争烽火中享受无上的荣光。

这其中，魏国一马当先，人才济济。秦国后来居上，于公元前361年起用跨国特长生商鞅进行变法，奠定了秦国强大的根基。

# 夏屋宴

晋国权臣赵简子临死前，把几个儿子叫到身边说，天帝昨晚托梦给我，让我把中山国和代国兼并了。天帝把一件宝物留在了常山（今恒山），你们去找找看。

几个儿子跑到常山上看了一遭，就回来了。有儿子说，山太大了，找一件宝物实在不容易，不如明天多带些人一起去。还有儿子说，找了很久，什么都没有发现。只有最后回来的赵无恤，激动万分地对父亲说，他发现了宝物。

赵简子抬头看了看他，问是什么宝物。赵无恤大手一挥说，如果我们从常山进攻代国，代国便可成为我们的囊中之物！

赵简子很满意地点了点头，就把位子传给了赵无恤，史称赵襄子。

赵襄子深知，赵国想要强大，必须攻灭代国，得到他们上好的马匹和重要的战略资源。赵简子在世的时候，就把自己的女儿、赵襄子的姐姐嫁给了代国国王，一方面是可以买到便宜的马，一

---

庙堂真相

**新的时代开始了**

公元前 475 年，代国亡，战国的历史从此展开。另一种说法是：战国时代应该从公元前 403 年“三家分晋”算起。之前春秋时代，各强国还允许小国留一块地盘，做自己的小跟屁虫就行；战国时代，则流行灭人国家、分人财产土地了。代国之亡是一个信号，好戏上场了，一个更精彩也更险恶的时代开始了。

方面是稳住代国，等待时机成熟再一举歼灭之。赵襄子一上台，就开始了谋攻代国的步伐。

他给姐夫代王发了一封邀请函，大意是，您的岳父已经升天了，我很悲痛。我知道您也很悲痛，但由于您是外国人，不能到我爹爹坟前祭拜，您一定很失望。我想就在咱们两国边境的夏屋山上摆个饭局，我们共同怀念一下他老人家。

代王很快就给了答复：好的，不见不散。

赵襄子非常兴奋，赶紧让人准备整个饭局。饭菜不重要，代国人什么都能吃，重要的是，派谁去刺杀代王，怎么杀。

挑选刺客是一件很难的事，赵襄子明白，姐夫力大无穷，刺客必须一击就中，只要给了姐夫反击的机会，后果将不堪设想。

赵襄子花了好些天时间来找刺客，但都没有合适的。正在他苦恼时，有个厨子来找他说："我愿意一试。"

赵襄子一看，这人身不满三尺，眼里无光，头发稀疏，还有些驼背。赵襄子很失望，但看在厨子主动为主子分忧的热情劲儿上，还是让他当场试了一下。厨子就拿起自己的工具——一把方形铜勺——在赵襄子面前挥舞起来。

### 庙堂真相

**赵简子立储**

史书上还有一个故事。赵简子将要选出继承人，不知道该立谁好。赵简子于是写了训诫在竹简上，交给两个儿子伯鲁和无恤，说"要慎重地记住"。三年后，问起两人，伯鲁已经不记得内容了，问他的竹简哪里去了，答说已经丢失了。问无恤，当即熟练地背诵出来，问他的竹简在哪里，无恤马上从袖子中把竹简上呈给父亲。因此赵简子立无恤为继承人，即赵襄子。

舞到后来，几乎和风车一样了。赵襄子很满意，特意找人给他铸造了一把很重的铜勺。赵襄子又与厨子制订了刺杀计划，只等着那场饭局的到来。

约定的日子很快就到来了，一切都准备得妥妥当当。代王带着五十名士兵来了。

宴会以赵襄子微微的笑和音乐开始。宴会期间，觥筹交错，宾客尽欢，赵襄子和代王举杯共饮。酒色尚温，氛围十足。

而那个刺客就在代王和赵襄子中间，用他的铜勺盛酒给两位喝。

代王正吃得很爽的时候，突然听到赵襄子大叫一声：好！

代王还没有明白是怎么回事，那个厨子突然就挥舞起了铜勺。据说，代王的脑袋马上成了一堆血肉。

代王一毙命，他带来的五十位士兵也被赵襄子部署的人杀掉，整个夏屋山上鬼哭狼嚎。赵襄子看着自己姐夫的脑袋被砸成肉泥，慢慢地站起来，望向代地，打了个漂亮的手势给手下道：开始！

进攻开始了！

代国人已经知道了自己的国王脑袋被人拍成了肉泥，整个代

### 典故制度

**“子”是敬称**

赵简子、赵襄子，并称“简襄之烈”。“赵”是其氏，“嬴”才是其姓，“简子”和“襄子”都是谥号，其中“子”，是敬称，跟人的名字并无关系。赵襄子的名字是无恤，战国时期赵国的创始人。古人定义，“姓者，统其祖考之所自出；氏者，别其子孙之所自分。”即姓是一种族号，氏是姓的分支。一家人，“姓”相同，但“氏”可能是不一样的。秦汉以后，姓氏合为一体。

国陷入了绝望的混乱之中，没有了权力中心的朝廷乱哄哄慌成一团，大臣们有的主张死战到底，有的主张暂时隐忍投降，有的要出使晋国讨个说法，有的力争投靠东北的燕国，甚至有人高呼赵简子之名号啕大哭，对赵襄子的诅咒痛斥更是不绝于耳。

但辱骂与抱怨不是战斗，当然就解决不了危机，赵襄子率领军队以迅雷不及掩耳之势攻进了代国，见人就杀，逢人便砍，屠杀进行了一天，代国便宣告灭亡。

赵襄子杀死代王，他那位姐姐悲痛万分，仰天长叹："弟弟杀姐夫，我都不知道该偏向谁，我的祖国代国已经灭亡，我活着还有什么意义！"于是，她找来了插头发的笄，走到王城东南二十里的马头山上，寻了一块石头，把笄磨锋利了，从自己的咽喉插入，死掉了。

赵襄子似乎对自己姐姐的死没有感觉，在把代国并入自家版图后，代国改称代郡，始为赵国藩属。

## 向历史借智慧

**吃饭也是一件危险活**

民国时有个故事：一帮军阀老粗们在喝酒打麻将吹牛皮，一个个搂腰搭背称兄道弟的，突然，屋子里停电了，几秒钟后，电灯恢复光明，这时再一看，每个人手里都拎着手枪，如临大敌……虽然刚才还在称兄道弟，可老粗们心里都明白得很，自己的这条命，别人都在惦记着呢。所以说，特殊时期，吃饭是个危险活，代王明白，但赵襄子比他更明白，所以代王输了。

# 智伯之死

战国初期，晋国的国家大权掌握在智、范、中行、韩、赵、魏六卿手里。后来，智氏与赵、韩、魏氏联手，把范氏和中行氏灭掉。到了智氏的掌门人智瑶（智伯）时期，智氏坐大，韩、赵、魏的实力不足以与其抗争，所以这三家的掌门人总受智伯的欺负，特别是赵家的赵襄子。

智伯这个人很自大，又不懂得尊重人，经常喜欢扫人家的面子。有一次，他与赵襄子追击敌人到了敌人城门下，他问赵襄子，谁先进。赵襄子出于礼貌，请他先进。他就很轻蔑地说赵襄子，你这样的懦夫也能出来打仗吗？还有一次，大家在一起饮酒，智伯看着不喝酒的赵襄子说，你长得这么丑，的确是没有资格喝酒！赵襄子愤怒地看了他一眼。智伯大怒，拿起酒壶朝着赵襄子的脸就淋了下去，赵襄子险些被呛死。

智伯经常这样搞别人，他的谋士就劝他说，兔子急了还咬人呢，您在大庭广众之下得罪卿士大臣，这太不明智了。

### 庙堂真相

**拔了毛的国君难做**

做领导，爽，但也得是坐得稳、有实权的领导才行，要是没权，就好比拔了毛的凤凰，日子难过得很。春秋战国时代，最大的拔毛国君是周天子，名为天下共主，却经常被诸侯们逼得连碗汤都喝不踏实。著名的拔毛国君还有鲁国君和晋国君，公元前 458 年，晋出公借外国兵来攻打国内强族，没成功，自己反被赶走，死于逃亡路上。

智伯置若罔闻，因为他觉得自己姓智，就是个有智慧的人。智伯有无智慧是另一回事，但他的确是很有野心。为了让智氏的实力更强，他对韩、赵、魏的掌门人说，晋国曾是中原霸主，如今却被吴、越夺去了霸主的地位，为了重振晋国，每家应该拿出万户居民的领地归还公室，其实就是归他所有。

他先向韩氏索要土地。掌门人韩康子本想拒绝，可有人劝他说："势不可做尽，他会有报应的。而且我们也打不过他啊！"于是韩康子给了。

智伯又向魏氏索要。掌门人魏桓子不想给，有人劝他说："恶人自有恶人磨，我们不与他一般见识。"于是魏桓子也给了。

智伯两次得手，大有唯我独尊的架势，趁着索要的热情，他又跟赵襄子伸出了大手。

赵襄子不给，还说："土地是祖先留下来的产业，凭什么要拱手相让？想要，去坟墓里找我祖宗要。"没有人劝他应该给。智伯的自尊受到了伤害，他联合了韩、魏，向赵襄子开战。赵襄子当然不是三家军队的对手，几天后，就被打得退到了晋阳（今山西蒲州附近）。智伯与韩、魏两家立即围攻晋阳，联军攻打了

## 庙堂真相

### 三家分晋

通常所称的"战国七雄"里，没有了春秋时代的强国——晋国，而出现了赵、魏、韩三国，其实这三个国家都是从晋国分裂而来。公元前 453 年，赵、魏、韩三家瓜分智氏领地后，三家共掌晋国权柄。公元前 403 年，周天子发挥余热，正式承认赵、魏、韩三家为诸侯，晋国名存实亡，这就是"三家分晋"。新出现的赵、魏、韩三国，时而联手，时而竞争，但三国共同列名"战国七雄"，可见原来的晋国之强大。

三个月，晋阳城仍在。智伯不能瓮中捉鳖，就决定在晋阳城里养鳖，他引晋水灌进了晋阳。一年多以后，晋阳城里真的可以养鳖了。

智伯认为，不出一个月，赵襄子肯定就从晋阳城里湿漉漉地出来，跪在他面前，请求他的宽恕。一想到这儿，智伯就心花怒放，他指着晋阳城对韩康子、魏桓子说："水这个东西还真好，居然可以让人亡国。"二人心头一惊，因为魏桓子的都城安邑在汾水边，而韩康子的都城平阳在绛水边。两人互相望了一眼，点了点头。

正如智伯所预料的那样，晋阳城最多只能支撑一个月。赵襄子决定派人出去说服韩康子和魏桓子，让他们背叛智伯。派去的使者见到两人后说："我听说唇亡则齿寒。如今智伯率领你们两家攻我们，我们是保不住了，但接下去就要轮到你们了。"韩康子和魏桓子比这个使者想得要清楚，于是，三人约定好日子，共同对付智伯。

在约定的这天夜里，赵襄子派兵杀死了智伯守堤的士兵，决开河堤，将水引向智伯的军营。智伯从睡梦中惊醒，"啊呀"叫道："水真是好东西啊！"他急忙叫救兵，但只有他的人来了，那两位早不知道跑哪里去了。他冲出帐篷，看到赵襄子的军队正迎面

### 野史秘闻

**赵襄子学御**

赵襄子学习驾车，学完后比赛，连输三次。赵襄子质疑老师藏私，老师告诉他："技巧已全部教您，但您在使用时还有错误。驾驭车马，重要的是要让马和车协调，让马感到舒服，人的注意力和马的动作相协调，然后才能够奔得快，跑得远。现在您一落后，想的是赶上我；跑到前面，又怕被我赶上。您的注意力全在我身上，还怎么能和马协调一致呢？这就是您落后的原因。"——关注竞争对手，不如关注自身！

冲来，两边分别是韩军和魏军，智伯现在就仿佛是馅，被三家包成了饺子。

智伯死在乱军中，赵襄子专门成立了一个机动小组，找他的尸体。大家都不明白赵襄子要做什么，以为他要对仇人鞭尸。可赵襄子没有对智伯的尸体动一指头，只是把智伯的脑袋拿走了。后来大家才知道，智伯的脑袋有了很好的归处——在赵襄子的床边。每当赵襄子起夜时，它就有了用处。

## 向历史借智慧

**让人畏惧不如让人亲近**

人际最基本的原则之一就是：当一个人让其他人都感觉到威胁时，那么这个人的地位就很危险了。因为，没有人愿意长久地活在恐惧之中，没有人乐意身边总是有一个庞然大物或者说太优秀的人，每个人都是更乐意生活在一个平衡的状态中：相互接近的社会地位、财富基础、审美趣味……而像智瑶那样，为了证明或显示自己的强大，特意做出威吓人的态势，无疑是极为不明智的举动。

# 豫让击衣

赵襄子灭掉对手智伯后，把智伯的头骨做成了尿壶。这一行为艺术彻底把一个叫豫让的人惹火了。

豫让是智伯的门客，智伯后来四处招惹是非，豫让劝谏过，智伯不听，还让豫让给他倒马桶。豫让悲愤之下，就跑到山林里当起了隐士。智伯被灭族的消息传到他耳朵里后，他从山林里走出来，决定为主人报仇。

他费了好大劲，才混进了赵襄子家里。但赵襄子这个人太谨慎了，平时吃饭，身边有甲士里外三层地包围着，晚上从来不上厕所，因为他床边有智伯的头骨。豫让找不到机会，只好决定在赵襄子去外面办事的时候刺杀他。

有一次，赵襄子与人喝酒，喝多后，去上公共厕所。豫让在那里已经蹲守了一天一夜，赵襄子一进厕所，突然打了个激灵，感觉厕所里有杀气，急忙退了出去，叫人来搜查，结果把豫让搜了出来。赵襄子认识他，很惊讶："你小子为什么要刺杀我？"

## 庙堂真相

**赵家发迹史**

赵家的发迹史可以追溯到春秋霸主晋文公时期的重臣赵衰，《赵氏孤儿》中的"孤儿"赵武，就是赵简子的爷爷。而赵国的真正创始人、奠基者，就是这位赵襄子（赵简子之子），他先是领导赵家在晋国"六卿"之争中站稳脚跟，这是晋国权力的第一轮洗牌；又在智、韩、魏三家进攻中反败为胜，除掉了最强大的智氏，这是第二轮洗牌。到赵武灵王改革后，赵国一跃而成为超级强国。

豫让说："我是智伯的门客，我要为他报仇。"

赵襄子赞叹道："果然是国士，为了报答主人，在厕所里待这么久，我放了你，赶紧去洗澡。下次别让我再见到你。"

豫让也不言谢，转身就跑了。

这次之后，赵襄子加强了警戒，侍卫们看到和豫让长得差不多的人，就立即捉住。豫让就把漆涂在身上，让皮肤烂得像癞疮，然后又吞下炭火，使自己的声音变得嘶哑，最后把自己化装成乞丐，在各种各样的地方等着赵襄子。

有一天，他终于在一座桥下等到了赵襄子。当时赵襄子骑着马正要上桥，马突然不走了，而且嘶叫起来。赵襄子立即让人搜查，豫让又被人从桥底下拎了上来。

赵襄子仔细辨认了半天，才认出了豫让。他叹息了几声，然后让士兵走开，把豫让的刀还给他，说："来，杀我！"豫让大叫了一声，声音很恐怖。他出手了，可惜刀还没有碰到赵襄子，他的身子已被赵襄子踢飞了。

豫让趴在地上，直喘粗气。赵襄子走过来，把他拎起来，说："你这个人，怎么把自己搞得人不像人鬼不像鬼啊？"

## 名臣风骨

**士为知己者死，女为悦己者容**

"女为悦己者容"，这句话就出自刺客豫让，很多人想象不到吧！当然，重点是前面一句"士为知己者死"。豫让是晋国大侠毕阳的孙子，做过几份工作，但只有智伯对他最好，最欣赏他，这就是知遇之恩。所以智伯死后，豫让逃到山里，说了一句话："嗟乎！士为知己者死，女为悦己者容。吾其报知（智）氏之雠（仇）矣。""士为知己者死"，指甘愿为赏识自己、栽培自己的人献身。

豫让坚定地回答：“为了杀你。”赵襄子很无奈：“算上这次，我已经放了你两次了，你怎么还要杀我？”豫让回答：“士为知己者死。”赵襄子觉得豫让是信口雌黄：“我记得你以前是中行氏的人，中行氏被智伯和我们联合干掉后，你怎么不杀智伯，反而投靠他呢？”豫让回答：“因为中行氏待我如狗，我就以狗道还他；智伯待我如士，我则以士风还他。”赵襄子皱眉：“我这次放了你，你还杀我吗？”豫让点点头。赵襄子挠了挠头，对豫让这种屡败屡战的作风有点欣赏了。他想了一想，脱下自己的外衣，扔到桥中间，说：“就当你把我杀掉了。”豫让很感动，拿起刀，先做了个漂亮的亮门式，然后对着赵襄子的衣服飞快地砍出数刀，衣服转眼成了碎片，豫让长叹一声，自己抹了脖子。

赵襄子让人厚葬了豫让。多年以后，有人把豫让的名字列在了战国刺客名单里，不是因为他蹩脚的武功，而是因为他那持之以恒的复仇行为。

## 向历史借智慧

**刺客的职业伦理**

做刺客，一种是明码标价收钱的，一种就是像豫让这样的，出于义气或报恩心理。但就春秋战国时代来看，刺客是一个并不丢人或可耻的职业，他们最主要的职业伦理就是：一诺千金，答应的事一定要办到，不是刺杀目标死，就是自己死。如今，做刺客不好，但这种职业伦理还是应该继承下来，守信重诺是一种稀缺的美德。

# 乐羊吃儿

魏文侯想要讨伐中山国，让下面的人举荐贤能。有人举荐了一个叫乐羊的人，魏文侯没有听说过。大臣就告诉他，乐羊这个人为了学习知识，七年不回家；因为不屑于做小官，所以现在流浪街头。魏文侯觉得这人很神，就找人去请。有大臣立即反对说，若是别的事，找这个无业游民还可以。若是讨伐中山，就不能找他，因为他的儿子乐舒就在中山国做官，乐羊即使不被策反，也不会尽全力的。

魏文侯想，这我得和他好好谈谈。见到乐羊时，魏文侯就对他说："本来想让你带兵讨伐中山国，可你儿子在那里做官。"

乐羊觉得这不是问题："我是个公私分明的人，请给我军队，若灭不了中山，我就不回来见你。"

魏文侯大为高兴，很痛快地把军队交给了乐羊。

乐羊更痛快，很快就打到了中山国都城下。

中山国国王大为惊恐。有人给他出主意，让乐舒到城上去见

庙堂真相

人才是强国之本

魏国是战国初期第一强国，这主要应归功于魏文侯和他使用的大批杰出人才：李悝（李克），杰出的法学家、政治家，他的改革使魏国面貌焕然一新，后来商鞅变法就是跟他学的；吴起，战无不胜的一流将领、国防专家；其他还有乐羊、西门豹、孔子的学生子夏等。人才是第一生产力和战斗力，没有人才的国家就只能衰亡。

乐羊，希望能让儿子说服老子罢战。

乐舒来到城上，见到父亲，乐羊先是责骂儿子贪图富贵，入别国当官，然后让他赶紧投降。乐舒告诉父亲，国家不是他的，投降也是君王说了算。希望父亲能给一个月时间让他们考虑一下。乐羊答应了。

一个月过去后，乐舒又跑到城上，说再给一个月时间，乐羊又答应了。一个月后，乐舒又出现在城上，说再给一个月时间，乐羊还是答应了。

乐羊围而不攻，让手下人很怀疑。先锋官劝他说，您儿子可能在用缓兵之计。乐羊展现了他谋略家的一面，他告诉先锋官，中山国的百姓现在还能与国家共存亡，我们一旦进攻，会损失很多士兵。我再三答应他们的要求，是为了让中山百姓知道我是守信之人。

三个月后，乐羊对中山国都开始进行猛烈的攻击，国都很快就要陷落了，中山国国王急得抓耳挠腮。有大臣对他说，现在只有一个办法可以让乐羊退兵，就是把他儿子绑在城头上，让他儿子呼喊救命，乐羊碍于父子之情，肯定会退兵。

## 庙堂真相

**文侯从谏**

打下中山国后，魏文侯把中山封给他的儿子击。魏文侯问："我是怎样的君主？"群臣都说"您是仁君"，任座批评说："您得到中山，不封赏给您的弟弟，却封赏给您的儿子，怎么能说是仁君？"文侯大怒，把任座赶了出去。又问翟璜，翟璜说："您是仁君。我听说国君仁爱，臣子就直率。刚才任座的话很直率，我因此知道您仁爱。"文侯赶紧迎回任座。

中山国国王认为很好，就和乐舒商量了一下，乐舒就被绑在了城墙上，向着魏军大喊：“父亲救命！”

乐羊大骂：“你这个混蛋，不能为你的君王谋划如何击退我们，又不能审时度势投降，现在又在这儿哭！”骂完，他就向乐舒射出一箭，乐舒挣脱绳索，跑下了城墙，对中山国国王说，我父亲真是冷血动物，我看，只有您把我杀了，他才有可能退兵。

中山国国王就把乐舒杀了，然后把乐舒的肉做成肉羹，让使者送去给乐羊，告诉他，这是您儿子的肉。乐羊看了看肉羹，平静地说：“这个儿子不能为主分忧，早就该死了。”说完，他就端起肉羹，大口吃起来，使者吓得瘫软在地。吃完肉羹，乐羊下令全力攻城，很快，中山国都被攻破，乐羊得胜而回。

魏文侯赏赐了乐羊很多田地和房子，但却收了他的兵权。有人很不解，问魏文侯原因。魏文侯笑而不答。后来有人评论说：“亲莫如父子，这是人之常情。可乐羊连自己孩子的肉都吃，这就违背了人情，那他对别人会怎么样呢？国君让这样一个人掌握军权，哪里能睡得好啊！”

## 向历史借智慧

**一个正常的人是有人情味的人**

人之为人，就要有人情味。乐羊吃儿子肉的故事，让人想到吴起杀妻，想到把亲生儿子杀了煮肉给齐桓公尝鲜的易牙……这些人也许确实优秀，并且忠诚，但是，他们的行为举动太不正常了，有违人情，所以让人觉得害怕，觉得不自在，生怕某一天自己就做了这种人的牺牲品。一个正常的人，一定是一个有人情味的人，任何用大道理来拒绝人情味的行为，都是可疑的。

# 河伯娶妻

魏文侯时期，大臣西门豹被派到邺县（今河北临漳县）当地方官。西门豹到任后，发现这个地方可以用“兔子不拉屎”来形容，人烟稀少，本该种田的地方却都是杂草。

西门豹很不理解，通过微服私访，他得到了这样的信息：原来这一带漳河经常泛滥，当地的三老（当地掌管教化的人物）、廷掾（地方的小官吏）和巫师都对百姓说，从前有位叫冯夷的人在河里洗澡，溺死后成了河神，每年要娶个妻子，如果不依从他，他就让洪水泛滥，谁都别想种地。

西门豹见多识广，知道这是扯淡。他又经过多方打探，发现三老、廷掾和巫师们借河神娶妻之名，以河神要嫁妆的名义搜刮钱财。

与河患相比，“河伯娶妻”之害更大。西门豹决定惩治这一现象。

他找到巫师们，向他们请教“河伯娶妻”的流程。巫师们告诉他，他们已经很有经验了，在平时就到各家去走访，遇到美丽的女子，

名臣风骨

西门豹当官

西门豹治邺，只知道像老黄牛那样埋头干活，不懂得和领导多沟通、走动，所以魏文侯身边的人都不喜欢他。魏文侯听信谗言，就要免了西门豹的官。西门豹说，我知道错了，我改！于是搜刮民脂民膏，给上级各单位大把送礼，一下子朝廷里人人都说他的好话。魏文侯很高兴，刚要表扬这位同志，西门豹递上辞职信，说在您手下，不送礼就做不成好官，这差使我干不了，我还是走人吧！

就通知她的家人：河伯托梦了，要娶你家的姑娘。找到这样的姑娘后，娘家要给嫁妆，百姓们也得出点钱。然后把女孩洗干净，让她住进河边临时搭起的“斋宫”里。到“河伯娶妻”的日子，把女孩打扮成新娘的样子，坐在放到水面上的床席上，河伯很快就知道新娘来了，于是把她拽进河里，从此，他们就过上了幸福的生活。但巫师们也有头疼的事，很多百姓无知，居然不肯把女儿嫁给河伯，带着家眷跑了。

西门豹听了，决定以毒攻毒，他对巫师说：“河伯娶妻那天，你们通知我一声，我作为新任长官，也该做点什么。”巫师很兴奋，认为西门大人的确是个好官，所以在河伯娶妻那一天，早早就把西门豹请到了现场。他们不知道，自己请来的是“阎王爷”。

最先出场的是一个巫婆，衰老得浑身的肉仿佛都要掉下来一样，后面跟了十几个女徒弟，全是助纣为虐的美女。西门豹上前对巫婆说：“河伯娶妻可马虎不得，让我先看看新娘子是否标致。”

巫婆点头，让人把新娘从“斋宫”引出来。西门豹只看了一眼，就皱了眉头说：“丑死了，这女孩做河伯的妻子，一定会惹他生气。我看还是请大巫婆到河伯面前说一声，等我们选到美丽的女子再

典故制度

**皮之不存，毛之焉附**

有路人反穿皮毛衣服，背着柴火。魏文侯奇怪，那人解释：“我是怕磨掉衣上的毛。”文侯说：“皮之不存，毛之焉附？”如果皮衣的里子磨坏了，毛保存得再好又有什么用！地方官府给文侯上贡的财物比以往增加了十倍，大臣们都来祝贺，魏文侯说：“这跟那个反穿皮衣背柴火的人没有什么不同，我的土地没有扩大，人民没有增加，而钱增加了十倍，这一定是征收过猛。如果百姓生活不安定，君王又岂能安坐享乐！”

送去。”巫婆还没有反应过来，西门豹的卫兵就把她一脚踹进了河里。

过了一会儿，西门豹看着河水，回头说：“老巫婆是没有见到河伯，还是走路太慢？叫她的徒弟催一下去。”一个美女立即被扔进了河里。又过了一会儿，还不见回来，就又扔了一个徒弟。可想而知，她们如时光，一去不复返。西门豹一本正经地说道：“这些人办事就是很没谱，我看需要麻烦三老去跟河伯交流一下！”于是，三老在杀猪一样的叫声里被投下河。

又过了很长时间，西门豹跺着脚，很焦急的样子。“这么点小事，搞了这么久，”他看着两个廷掾，“要不你俩下去催他们一下？”那两个廷掾如同五雷轰顶，扑通跪倒在地，捣蒜一样地磕着头，额上撞出了血，大小便失禁。

西门豹见目的达成了，但还是要把戏演完，于是叹了口气说：“你们起来吧，看来河伯留住了客人，娶妻的事改日再说吧！”

自此以后，邺县再也没有人敢谈“河伯娶妻”的事了。为了根治水患，西门豹又组织人们开凿了十二条渠，引水防洪，灌溉田地，邺县很快成了魏国的富裕城镇。

### 向历史借智慧

**恶人需要恶法磨**

西门豹搞了个恶作剧，把当地流氓恶势力狠狠地收拾了一番。像西门豹这样的好官故事，历史上常有，但像这样痛快的整治手段，似乎很少见。对付恶人，就要用这种恶招，以子之矛、攻子之盾，让他死得无话可说。

# 吴起杀妻

吴起是卫国人，少年时喜欢舞刀弄枪，喜欢打架，经常把邻居小孩揍得号啕大哭。他母亲很反感，训斥他说，正经事不做，每天都打打闹闹，将来要么去当强盗，要么就得要饭。吴起听了一会，猛地把胳膊咬破，对母亲发誓说：“我现在就出去找事做，如果不做到卿相，我死在外面也不回来。”母亲知道自己说的话有些重，就哭了，叫吴起不要走。吴起根本不顾，扬长而去。

吴起离开卫国，打听到孔子的高徒曾参在鲁国讲学，就跑去鲁国做了曾参的弟子。他学习很卖力，得到了老师和同学的赞赏。齐国的大夫田居来鲁国办事，偶然见到吴起，相谈之下被吴起的才学迷住，于是把自己的女儿嫁给了吴起。

吴起结婚的时候也没有回家，曾参很纳闷，后来得知吴起有老娘，就问他：“你在这里六年了，怎么没有见到你回家看望老母？”吴起老实地回答：“当初走的时候，我跟母亲发誓，不为卿相，不见老母！”

名臣风骨

**官不与民争利**

公仪休爱吃鱼，但别人给他送鱼，他一概不收，说：我现在当官的工资够我买鱼吃的，如果我因为收了你一回鱼而做不成官了，那我以后想吃鱼都吃不上了。公仪休自家园子里种了些蔬菜，他都拔了。看到老婆在家织布，一怒之下就把老婆给休了。这回，公仪休的理由是：我当着官，有吃有喝，怎么还能去和农夫织妇们争利呢！休妻是狠了点，但当官的自觉地不与民争利，这官不错！

曾参摇了摇头，一声叹息，渐渐地就不把吴起当自己人看了。

不久后，卫国有人送信给吴起，说他的母亲死了。吴起当时正在读书，得知了母亲的死讯，就当着曾参的面仰天大哭三声，眼泪还没有流出眼眶，就已经收了回去，然后继续读书。

曾参看傻了，曾子门下哪能留着这样的学生！他立即大怒："吴起这人不奔母丧，纯粹是忘本。他日有人知道我有这样的徒弟，我会惭愧而死，你马上滚蛋！"

吴起领着老婆走了，开始自学兵法，三年学成，然后去鲁国找工作。鲁国的国相公仪休把他纳为门客，经常与他谈论兵法，深深被吴起的军事才能折服。一年后，齐国突然发兵要攻打鲁国，鲁穆公急忙找来公仪休问计。

公仪休就推荐了吴起。鲁穆公当然知道吴起是谁，也知道他有军事才能，但很犹豫。他对公仪休说，吴起虽然是卫国人，可他的妻子田氏是齐国人。现在齐国人来攻打我们，你觉得吴起会不帮老婆的国家而帮我们吗？

公仪休觉得这的确是个问题，出朝后叫来吴起，对他说："你刚来我这里就说要出人头地，现在齐国攻打我们，机会来了，可

### 典故制度

**家贫思贤妻，国乱思良相**

这句话出自魏文侯和李悝的对话。魏文侯说："您曾经教导我，'家贫思贤妻，国乱思良相'。如今要安排宰相，魏成子和翟璜，您看好谁？"李悝回答："平常时看他亲近哪些人，富有时看他结交哪些人，显贵时看他推举哪些人，不得志时看他不做哪些事，贫苦时看他不要哪些东西，有这五条，足能决定谁当宰相了！"魏文侯于是用魏成子为相。

国君不想用你！”

吴起很疑惑。公仪休就把鲁穆公的忧虑告诉了吴起。吴起想都没有想，说：“这个容易。”

回到家中，他把妻子按在椅子上，自己站着，背后藏着宝剑。他问老婆：“古人说，人生最宝贵的是得到一个好老婆，你对这句话有什么看法？”

他老婆回答：“因为按传统，男人必要成家，成家的前提就是要有老婆啊！”吴起觉得老婆回答得不错，点了点头，又问：“那你觉得做了卿相，青史留名，算不算成家？”他老婆回答：“当然算，而且是大家。”吴起很高兴：“我想成个大家，你能帮我。”他老婆很惶恐：“我一个妇人家，如何帮得了你？”

吴起说：“你们齐国要来攻打鲁国，鲁国国君想用我，但因为你是齐国大夫的女儿，所以怕我帮老婆。”他老婆站了起来：“那怎么办？”吴起按下她：“很简单，借你脑袋一用！”

他老婆以为吴起在开玩笑，笑着正要说什么，吴起拔剑一挥，田氏的脑袋滚落在地，脸上还保持着笑容。

吴起把田氏的脑袋草草一包，就去见了鲁穆公。鲁穆公看了

## 社会风情

**曾参杀人**

曾参是孔子的弟子，孔门七十二贤者之一。有个和曾参同名的人，犯了杀人案，旁人听到消息，告诉曾子的母亲：“曾参杀人了！”曾母说：“我儿不会杀人！”不久，又有人得到消息来告诉曾母：“曾参杀人了！”曾母继续织布，不搭理。又一会，一人来告知同样的消息，曾母不得不信，大惧，赶紧翻墙逃跑。人们评论说：以曾参的好名声，以及母亲的信任，都抵挡不了连续三个人的假消息，可见人言之可畏！

脑袋，偷偷对公仪休说：“这小子真狠，太残忍，心不可测。”公仪休却另有看法：“吴起不爱老婆，而喜欢功名，如果咱们不用，必为敌人所用。”

由于齐军已兵临城下，鲁穆公只好任命吴起为将。最终，吴起三战三胜，击败了齐军，如愿以偿地获得了大将军的名衔。

## 向历史借智慧

### 不与恶人为敌

吴起这样的人，好比一颗威力巨大的炸弹，这样的能人，要还是不要，对于执政者来说确实很为难。穆公的态度是，这种危险分子，少接触为好，做人不择手段的人，不能指望他对领导忠诚，本来指望他打敌人，但万一他窝里反，那后果可就是毁灭性的。公仪休的态度是，穆公说的有道理，但该用还是得用，这种恶人，让他站在自己这边，总比让他站在敌人那边好。

# 不娶公主的后果

吴起虽然帮鲁国人打了大胜仗，但我们知道，鲁国人可是最讲文明礼仪的，吴起母丧不回家，这是不孝；为了当官把老婆都杀了，这是不仁。不仁不孝的人可不能留在我们鲁国啊！全国人民一议论，吴起就只好离开了。

离开鲁国，吴起又在魏国找到了好差使。大臣李悝向魏文侯推荐吴起，魏文侯问，吴起这人怎么样啊？李悝据实回答，吴起名声不大好，但要论打仗，没人能比得上他。

就这样，吴起在魏国扎根二十余年，成为一颗红得发紫的政治明星。魏文侯去世后，他又辅佐魏武侯，当时的魏国，丞相田文的威望都比不上吴起。直到公元前387年，新丞相公叔痤上台，情况发生了变化。

公叔痤是个精明透顶的政客，自然把炙手可热的大功臣吴起当成眼中钉。他对魏武侯说："吴起这个人，百年难遇，我们魏国庙小，哪里能容下他这尊大佛？秦国离我们最近，我很担心吴

庙堂真相

**吴起带兵**

有个故事，讲吴起爱兵如子，有个小兵长了疮，吴将军就用嘴为他吸脓——想想都觉得好恶心，可吴将军就是这么好。他平常也不用勤务兵，打仗时连干粮都是自己背。这样的领导，够好了吧？可小兵的母亲听说这事后，哇哇大哭：当年吴将军给娃他爹吮脓，结果娃他爹战死了，如今，我这娃怕也是命不长了。

起有一天一不客气，就跑到秦国去了。”

魏武侯很紧张。他当然要紧张，因为吴起无论是军事上还是政治上都光芒四射。吴起守卫西河时，秦国人被打得好比缩头乌龟。在见识上，有一次，魏武侯到西河视察，在船上，魏武侯和大臣们看着山河险要，就说，这可真是魏国的珍宝啊。吴起立即纠正他：国家的险要在于好领导、好将领和好政策，而不在于山河的险要。如果只有军事强大，而政治不清明，那么这一船人都可能成为敌人。魏武侯听了脸色很难看，勉强接受了这个十分不顺耳的意见。

还有一次，魏武侯焦虑地问吴起：“秦国在西面威胁着我们，楚国在南面像衣带一样横阻着我们，赵国在北面扼制着我们，齐国在东面紧逼着我们，燕国在后面可以横断我们，韩国在前面据守着我们，六国的军队在各个方向团团围住和防范着我们。您能给我想出个解决难题的好方法吗？”

吴起回答：这也容易，我们可以以攻为守。

对付齐国，只需要兵分三路，左右夹击，另一路追击，就可以攻破。

## 名臣风骨

**曾子杀猪**

“曾子”即曾参，“任重而道远”这句名言就出自曾子。广为流传的还有一个“曾子杀猪”的故事：曾子之妻要去集市，孩子哭闹，做母亲的就说：“你快回家，等我回来了杀猪给你吃肉！”孩子相信了。等妻子从集市回来，曾子提刀去杀猪，妻子拦住，说：“我说的戏话你怎么也当真！”曾子说：“你是戏话，孩子可是当真的。孩子都是跟着父母学说话、做事，你欺骗孩子，就是教孩子欺骗。”执意杀猪给孩子吃肉。

对付秦国，先用小利引诱，然后乘混乱之机袭击散兵，并设伏兵，待机歼灭。

对付楚国和燕国，先使用游击战骚扰他们，然后以机动灵活的战斗部队实行突然性攻击，这样就可将其击垮。

对付赵国和韩国，只需要摆开阵势进行压制，再迅速追击，就可以制胜。

这是吴起灭六国的战略思想。倘若给他几十年时间，他很有可能大功告成。

这样一个能耐大的人，魏武侯当然很紧张，他催促公叔痤，拿出点留住吴起的办法来。

公叔痤说，我回去琢磨一下。但公叔痤琢磨的，是怎么赶走吴起的办法。

这天，公叔痤请吴起到家里来吃饭，顺便让他看一场好戏。戏是由公叔痤和他的公主老婆联袂主演的，名字叫《驸马是条狗》。

吴起到了之后，公叔痤正和他聊天，他老婆就披头散发地跑了出来，大喊大叫，要水喝。公叔痤急忙去倒水、递水，才坐下，老婆喝完水，又喊饿。公叔痤又撒腿去张罗吃的。吃饱喝足后，

野史秘闻

**赵简子问计**

赵简子想在园里骑马，嫌树多而伤了马足，让人砍树又怕劳民。范家三少爷来访，老大说："这种事，明君不问也不做，昏君不问就去做。"老二说："爱惜民力就不要爱惜马足，爱惜马足就不要爱惜民力。"老三说："我有一计：您先令百姓上山伐树，随后开放您的园子，山远而园近，山路崎岖而园里平坦，百姓觉得在园里工作，很幸福；树砍完后，低价卖给百姓，百姓还是高兴，您也如愿了。"赵简子依计而行。

他老婆又让他梳头，扫地，打水。公叔痤满脸堆笑，极为恭敬。这一幕，吴起看得大为震骇，心里怕怕，从公叔痤家回来的一路上，都在庆幸自己没有娶一个公主做老婆。

公叔痤和老婆把戏演完后，又跑到魏武侯那里，很兴奋地说："我想到一条妙计了，要留住吴起，最好的办法就是让他成为咱们的亲戚，把公主嫁给他。如果他接受，最好；如果不接受，很显然，那他就是不想在魏国长期发展。"

这是个好办法啊！魏武侯心里想着，改天，就叫来吴起，让他赶紧准备准备做新郎，新娘子呢，就是魏国的公主。吴起一听，这不是哪壶不开提哪壶吗！我刚刚才患上公主恐惧症呢。他马上就愁眉苦脸起来，跟魏武侯打马虎眼，说我对娶亲这事没什么兴趣，您是不是再考虑考虑？不用说，魏武侯的脸色顿时就绿了。

吴起是个聪明人，回到家往床上一躺，思来想去，得出结论：此地不宜久留！天一亮，吴起收拾一下家当，跑了。

路上，他仍然在庆幸自己不是公叔痤，而公叔痤却在家里大摆宴席，和老婆不醉不休。

## 向历史借智慧

**错误的统计学**

多精明的吴起，竟然被公主吓跑了，可见此计的厉害！不过吴起在这里，实在是犯了一个错误，一个统计学的错误：看到一小撮公主骄横、没素质，就以为所有公主都是骄横、没素质的；看到一小撮驸马过着作奴作仆的苦日子，就以为所有驸马的生活都凄惨无比。这种统计学的结果当然是不对的，只是一种不可靠的幻觉而已。

# 死有余智

吴起这个人的名声不好，母亲死了不回去服丧；为了当上鲁国大将，就杀了自己的齐国妻子。所以，他后来虽然到了魏国进行变法，使魏国强大，可新上任的魏武侯跟他过不去。最后他又跑到了南方的楚国，希望在这个没那么多规矩的地方施展才能。

楚悼王接见了吴起，被他的才能深深打动。当时楚国一心想让中原诸侯看得起，所以就拜吴起为相国，让他变法改革。

只用了很短的时间，吴起就通过变法改革实现了楚悼王的愿望。他领导楚军取得了一系列的胜利，征服了楚国南方的少数民族“百越”，还吞并了位于楚国北方的陈国和蔡国，有力地抵御了赵、魏、韩联军的威胁。同时，楚国还向西方扩张，讨伐强大的秦国。吴起主持的一系列政治、经济改革和军事行动，有力地提升了楚国在当时的国际地位，吴起一时间成为各国诸侯谈之色变的强敌。

外国人惧怕吴起，楚国贵族却憎恨他，因为他搞的那些改革

## 庙堂真相

**楚悼王突围**

楚悼王执政时，楚国内忧外困：在外，连年被三晋联军打压；在内，屈、景、昭三家大贵族势力强大却腐朽守旧。楚悼王是一个很有抱负的人，极想摆脱这种困境，恰好吴起来到楚国，犹如喜从天降。楚悼王当朝宣布：令尹（吴起）的命令就是我的命令，敢违抗者，杀无赦！吴起改革，短短数年，使楚国从一个贫弱挨打的大国，变成了一个富裕、强盛的大国。可见吴起之能，也可见楚悼王之明。

措施损害了贵族们的利益。吴起没有来之前，贵族可以杀人不偿命；贵族死后还可以把自己的位置传给儿子，继续让儿子领国家的钱；贵族到战场上走一圈，回来后就能领功劳。吴起一来，这些全都没有了。所以，吴起成了贵族们的眼中钉。

公元前 381 年，吴起的保护人楚悼王去世，不久后，贵族们就决定拔了这颗眼中钉。

在楚悼王的灵堂上，贵族们准备好了士兵、刀剑和弓箭。吴起一走进灵堂，迫不及待的贵族和士兵们就向他发起了攻击。

吴起对这些年轻的士兵可理会不起，可他又找不到藏身之处，慌乱中，他扭头看见了楚悼王的尸体。他急中生智，跳上灵床，蹲在楚悼王尸体旁。士兵们停止了攻击。因为楚国法令规定：坏王尸者当以灭族罪论处。

但吴起太招人恨了，还是有贵族向他射出了一箭，但没有射中他，射到了楚悼王尸体上。吴起又惊又怒："你们疯了，射王尸体，是灭族的罪！""灭族"两个字提醒了在场的人，既然已经射了，横竖都是死，那就射下去吧。顿时乱箭齐飞，吴起和王尸转瞬之间被射成了刺猬。不过，有人看到"刺猬"吴起在断气之前，脸

### 典故制度

**狐假虎威**

楚国大臣江乙跟令尹昭奚恤不对付。楚宣王听说北方诸侯都害怕昭奚恤，感到不解，江乙挑拨说："有只老虎，捉到狐狸，狐狸说：您不能吃我，上天派我来做群兽的领袖，您不能违背上天的命令。狐狸让老虎跟在它身后，群兽见了，都纷纷逃跑。老虎因此相信狐狸很厉害。现在楚国强盛，大军百万却都由昭奚恤掌握，所以北方诸侯都害怕他，但其实是害怕大王您呀。"这就是典故"狐假虎威"的出处。

上露出了得意的笑。

这得意的笑很快就有了注解。

楚悼王的儿子楚肃王即位，第一件事就是处理射王尸案，结果被灭族的楚国贵族多达七十余家。

当初，吴起拜孔子的高徒曾参为师，曾参见他母死而不回家服丧，就诅咒兼带预言式地怒叱他："你小子不得好死！"吴起的确死得不好，即使死了还连累那么多人因他而死。后人提到这件事的时候，送给他四个大字：死有余智。

## 向历史借智慧

**哪里才是你的家**

吴起这种人，放在哪里都杀伤力极大，才高遭忌，到处都容不下他。在鲁国，打完仗，鲁国人不敢要他；在魏国，因遭人忌妒而不得不离开；到了楚国，又发挥了六七年余热，结果把命也丧在这里。人家只是想打好一份工，就这么难吗？有人说是吴起太狠，对敌人狠，对自己也狠，因而得罪人太多。有人说是吴起出身低，在当时贵族社会被人看不起，势单力薄。但其遭遇，千年之后仍让人叹息。

# 聂政刺侠累

韩哀侯时，大臣严仲子和相国侠累关系很差。侠累总想让严仲子在人间蒸发，严仲子惹不起，只好躲了。他跑出韩国，四处游历，原本是想就这样过完一生的。但他遇到了聂政，他的这一颓废理想立即破灭了。

聂政是个杀人在逃犯，和母亲、姐姐从老家跑到齐国，做了屠夫。聂屠夫杀猪的时候从来不用第二刀，杀得有经验后，任何猪只要听到他的声音，就会恐惧而死。所以在齐国，聂政很有名气。严仲子见到聂政时，聂政正在卸猪，刀法娴熟，比庖丁解牛还厉害。

严仲子看得呆了，突然就想到了侠累。他灵机一动，带了很多金子来到聂政家，喝酒吹牛，最后把金子送给了聂政的老母。聂政的工作足可以养家糊口，所以他坚决拒绝了严仲子的金子。严仲子就把自己有个仇人的事说了，希望聂政能像杀猪一样把侠累杀掉。

典故制度

**晋国六卿**

公元前 633 年，晋文公建立三军，每军设将、佐，依次为中军将、中军佐，上军将、上军佐，下军将、下军佐，合为六卿，其中中军将为正卿。六卿掌管晋国军政大事，世代承袭，主要由狐氏、先氏、郤氏、胥氏、栾氏、范氏、中行氏、智氏、韩氏、赵氏、魏氏等十一个世族所把持，轮流执政。历代六卿都遵奉“尊王攘夷”的大义，所以有句话是：“华夏文明看春秋，春秋大义看晋国。”

聂政推辞了，原因是：要留着命伺候老母，不能随便玩命。

严仲子没有办法，只好等聂政的母亲去世。但这一等就是三年。等聂政的母亲丧期一过，严仲子立即跑来，哭得如同自己死了母亲一样。聂政感动得一塌糊涂，他觉得，严仲子是诸侯的卿相，跟他一个屠夫结交，这是什么精神！聂政决定报答严仲子，问严仲子的仇人的具体情况。

严仲子告诉他，侠累是韩国国君的叔父，宗族旺盛，人丁众多。“我觉得这家伙活着一点乐趣都没有，睡觉时有侍卫，吃饭、上厕所都有侍卫。他就像是住在铁桶里一样，很难有人能杀掉他。”

聂政脑袋里正想着一头待宰的猪。

严仲子见他没有反应，以为他怕了，说：“我给您配几个助手吧。”

聂政说：“要刺杀的可是一个诸侯的重臣，其耳目又多，如果人多，反而会出事，我一个人去就可以。”说完，他真就一个人带了宝剑来到了韩国都城。

经过几天的打探，聂政觉得智取不了，只能强攻。

一个清晨，阳光正明媚，聂政提着宝剑来到了侠累家门口，

## 庙堂真相

### 四战之地韩国

韩国和赵国、魏国有共同的渊源，都是从晋国独立出来的。公元前 376 年，三国一起废掉老东家，晋国彻底消失。第二年，韩国灭掉郑国，把都城从阳翟迁到新郑（今河南郑州）。但韩国地理位置不好，国土被魏国、齐国、楚国和秦国包围，处四战之地（指四面平坦，无险可守，容易受攻击的地方），强国环伺，发展空间小，属于被欺负的主。

他直奔主题，从门口一直杀到堂上。然后踩着尸体，冲到了侠累面前。侠累都看得呆了，当聂政冲到他面前，他真想给这个好汉鼓掌。聂政不给他这样的机会，一剑结束了他的性命。侠累还没有彻底死去，后堂已经冲出了无数侍卫，聂政见已经不能全身而退，为了不让人认出自己，以免牵连唯一的家人姐姐，他先是把自己的脸毁坏，然后挖出自己的眼睛，最后剖腹，肠子流了一地。

韩国人把聂政的尸体放在街市上，出赏金查问凶手是谁家的人，但没有人来。过了很久，聂政的姐姐才跑来认尸。虽然聂政的脸和眼睛都已经毁坏，可姐姐还是认出了弟弟。看到弟弟自残成这个样子，她哭得死去活来，最终哭死在聂政身边。

各诸侯国的人听说了这件事，都赞叹不已，说聂政够勇敢，说聂政的姐姐有情有义，说严仲子善于识人，就是没人说侠累到底是不是该死。

## 向历史借智慧

**给每个人以被尊重的感觉**

心理学家马斯洛讲人有几种需求，重要的是对被尊重的渴望和事业心。毫无疑问，后者正是促使聂政去杀一个不相干的人的原因，或者说聂政的杀人动机。这个流血事件告诉我们，尊重每一个人，包括你的同事、办公室的打字员和复印员、街头乞丐、摆地摊者……让他们感受到被尊重，有多么重要。所有人都可能是朋友，也可能是致命的敌人，关键就在于你是尊重还是鄙薄他们。

# 公叔痤荐人

话说卫国人公孙鞅，本是卫国皇族的旁支，年轻的时候，他喜好法家之术，年深日久，竟然学到了一身安邦定国的本领。

公孙鞅就业之初，因为看见卫国日渐衰微，自己的才华没有用武之地，便离开老家，到魏国去发展。最初，他以门客的身份，投到相国田文的门下，几年后，事业也不见起色。田文去世后，公叔痤当了相国，于是，他又转投到公叔痤门下。

公叔痤看人的眼光非常厉害，接触时间不长，就发现公孙鞅非常有才，便举荐他做了中庶子。每当遇到什么大事，公叔痤一定将公孙鞅叫来，和他一同商量对策。

不久，公叔痤染病卧床，魏惠王听说后，亲自到他的病榻前慰问。惠王见相国病情很重，几乎是说走就走了，就流着泪问他："相国若是一病不起，谁能够接替你的位子，为我出谋划策呢？"

公叔痤回答说："中庶子公孙鞅这个人，年纪虽然不大，却是当世少见的奇才。主公如果能用他掌国，实在胜过微臣十倍呀。"

## 庙堂真相

**魏武不如楚庄**

朱元璋评论：楚庄王谋事妥当，群臣都比不上，庄王忧虑没有能超过自己的人；魏武侯谋事妥当，群臣都比不上，武侯很高兴、很骄傲。由此可知，魏武侯不如楚庄王。魏武侯时期，吴起走楚，商鞅奔秦，魏国接连流失两大人才。吴起是魏国的长城，吴起一走，魏国就失去了一座长城；商鞅是继李悝、吴起之后的又一奇才，商鞅奔秦，魏国就多了一个强敌。这一减一增之间，魏国的实力就去了大半。

惠王一听，心想，唉，病得不轻啊，尽说胡话了，于是没言声。公叔痤又说："主公如果不肯用他，那就将他咔嚓掉算了，总之，千万别让他离开咱们的国家。如果他被别的国家相中了，依微臣看，他可是咱们魏国的祸害呀。"

惠王出来以后，刚坐上车子，就叹了一口气，对马车夫说："相国病得真是不轻啊，一会儿劝我重用公孙鞅，一会儿又说，不用就将他咔嚓掉。这个公孙鞅又有什么了不起啊？值得相国这么劳心费神吗？相国的脑子真是烧糊涂了。"

这边，惠王前脚刚走，公叔痤又派人将公孙鞅叫到床头，对他说："大王刚才来看我，我向他推荐了你。我还警告他，如果他不愿意用你，就将你咔嚓掉算了。大王没有明确表态，所以啊，我也吃不准，他是想用你呢，还是想杀你。我这人你是知道的，一向先君后臣，先礼后兵。咱们朋友一场，也不能不告诉你，希望你不要见怪。我就想啊，我死之后，三天之内，如果大王没有召见你的话，你就赶快逃命去吧。以后发达了，别对魏国太苛刻，咱们就算没白认识一场。"公孙鞅只是笑笑，没言声。

没过几天，公叔痤果真到阎王那里报到去了。转眼间，三天

庙堂真相

**狡猾的公叔痤**

这个相国公叔痤，和公元前387年设计逼走吴起的"公叔痤"，是同一个人。公叔痤活得好好的时候，不肯推荐商鞅，生怕这个年轻人抢了他的饭碗。临推荐时，又对魏王说能用就用，不能用就早点杀掉，置商鞅于险境。事后，他又跟商鞅解释说：我这是先君后臣，先替魏王着想，让他用你，不用就杀你；再把这事情告诉你，是替你着想，你还是快点逃吧。真是个老狐狸！对魏王和商鞅，两面都想讨好，都不得罪。

过去了，也没听惠王提起召见公孙鞅这个茬。知道这个事的人急了，就来提醒公孙鞅说：你不快逃命，还在等什么呢？难道等大王来取你的人头啊？公孙鞅打着盹儿，说：我算什么呀，值得魏大王这么上心吗？我既然不值得大王重用，自然也就不值得大王挂在心上啦。别打搅我，让我再睡一会儿。听说的人将信将疑，都为公孙鞅捏了一把汗。好多天过去了，大家也没见公孙鞅头上少个脑袋，这才放下心来。

有大臣与公孙鞅很有交情，转天也向惠王举荐公孙鞅。惠王横竖看不出公孙鞅的高明之处，也就置之不理。过了不久，公孙鞅听说秦孝公在四处招贤纳士，便离开魏国来到秦国，投到秦孝公的宠臣景监门下。景监这人也不简单，没几天，就发现公孙鞅这个人非常厉害，于是将他举荐给秦孝公。这才有了后来公孙鞅三见秦孝公，由帝道而王道，由王道而霸道，推销他自己的故事。

再后来，公孙鞅受到秦孝公的重用，为秦国立下了不世功勋，被封于商地，称为商君。因此，人们再谈论他的时候，甭管是说他发迹前，还是说他发迹后，一律称他为商鞅。

## 向历史借智慧

**乱世的用人准则**

乱世好比创业期，创业时，没那么多规矩，用人就是两句话：一是求才不求德，二是不能用之则杀之。前者是说，只要有本事就可以用，而不必管这人出身好不好、品德好不好、有多少缺点，所以杀猪的、放牛养马的、六亲不认的，都可以用；后者是说，人才的杀伤力太大，如果自己不能用，就别留给别人。后世的刘邦、曹操等创业家，都是这么做的。

# 商鞅立木

商鞅在秦孝公这里应聘了两次，要不谈帝术，要不谈王道，听得秦孝公直打盹。好不容易争取到了第三次机会，秦孝公也不客气，开门见山地说：劳驾，您还是给我说一说霸王之术吧，如果您对这个没什么研究，就只好请您再到别处看看了。

商鞅说，霸王之术？这个我有研究啊。于是他侃侃而谈，听得孝公连连点头称是。就在这个节骨眼上，商鞅请求告退。秦孝公急了，说，为什么呀？商鞅说，等大王打定主意了，小人再来为大王出谋划策，三天以后再见。

秦孝公想了想，心说，嗯，我也正要权衡权衡，便让他告退了。第二天，孝公忽然觉得已经打定主意了，就派人请商鞅过去交换意见。

商鞅说，这可不行，说三天以后就三天以后，您想想啊，咱第一次和大王您有约定就失信了，以后咱还怎么取信于大王呢？总之，这事没商量，任介绍人景监如何告诫，他就是不听。

## 庙堂真相

**两种路线的斗争**

关于要不要变法，“外来和尚”商鞅与“本地和尚”甘龙有过一次争论。商鞅说：变法这件事，跟老百姓商量是不行的，只有变法成功了，老百姓享受到好处，自然就会乐意；所以只要能够强国，就可以不按照以前的老做法。甘龙主张不折腾，说：为什么要采取老的一套做法呢？是因为办事的人都熟悉了，老百姓也习惯了啊。两种说法都有一定的道理，但要不要变法，是由社会现实决定的，而不是由理论来决定的。

到了第四天，孝公派人用车子来接商鞅入朝。孝公向商鞅赐座，第一句话就说：寡人已经想明白了，干吧！言语举止非常恳切。商鞅大喜过望，便一股脑儿将肚子里的心得，像倒豆子似的全倒了出来。

两个人一连谈了三天三夜，秦孝公听得是如醉如痴，毫无倦意。事后，孝公下令，封商鞅为左庶长，赐给他一座府第，并通知大家伙儿说：眼下，招聘有了阶段性的成绩。今后，咱们国家的政令，全部由左庶长商鞅负责颁布实施。如果有谁胆敢违抗，一律按抗旨犯上论处。大家伙儿听了，心里不服，但嘴上没有谁敢叽叽歪歪的。

转天，商鞅的新法便出炉了。孝公一看，连说好，说完了，又面露难色，说：爱卿啊，我恐怕推行起来会不太顺利啊。商鞅说：大王放心，小臣自有主张。

第二天，商鞅便派人将一根三丈长的木杆立在咸阳城南门，下令说：有谁能将这根木杆扛到北门，可领赏钱十金。

十金呐，都够买一套大宅子了。小老百姓一听，都吓了一跳，心说，有病吧，这是？于是都到南门围观，看官府又在搞什么鬼

## 典故制度

### 五十步笑百步

魏惠王认为自己治理国家尽心尽力，没有哪个邻国国君像他这样用心的，但是邻国的百姓并不因此而减少，魏国的百姓也不因此而增多，所以向孟子求教。孟子说：“两军交战，有人扔盔弃甲逃跑。有跑了一百步停下的，有跑了五十步停下的。因为自己只跑了五十步，从而耻笑他人跑了一百步，可以吗？”——魏国和其他诸侯国，都不施仁政，都好战，程度都差不多，谁也别耻笑谁！

名堂。大家伙都心怀疑惑，所以谁也不敢动那根木杆。

眼看过了正午，公务员们废话没有，再次下令：有谁能将这根木杆移到北门，可领赏钱五十金。五十金呐，都够过上资产阶级生活了。小百姓一听，吓得心脏都快跳出来了，怕惹祸，还是不敢去动那根木杆。

就在这时候，人群中挤出个年轻人，嬉笑着说：大白天看热闹，闲着也是闲着，我来搬吧。说不定真遇到个有病的主儿，咱不就白得这五十金了吗？小赌一把玩玩也没啥。于是，他扛起木杆就走。沿途百姓都一路跟过来，也想看看，今天究竟会有什么猴把戏。

没多大工夫，大家伙儿就吆吆喝喝到了北门，转眼间，年轻人将木杆立在指定的石槽里。

守在一旁的公务员急忙报告商鞅。商鞅将这个年轻人叫到跟前，夸奖他说，你肯听从我的命令，好样的，继续努力。于是，商鞅亲手将五十金交给他。

这一下，看热闹的人全都傻眼了，一个劲儿地骂自己笨蛋，这么个一夜暴富的机会没抓住，悔不当初啊。

等大家的心疼病都好一些了，商鞅便开始发表即席演说：不

庙堂真相

**商鞅三见秦孝公**

商鞅来到秦国，第一次见秦孝公，商鞅向孝公游说“帝道治国”，即以尧、舜时期为榜样，孝公拒绝。第二次见孝公，谈“王道治国”，即远的以西周为榜样，近的以秦孝公的祖先秦穆公用百里奚为榜样，孝公还是拒绝。第三次见孝公，商鞅提出“霸道治国”，以法家为核心，对内严刑峻法，对外强军、以力服人。孝公愉快地接受了，于是有了商鞅变法。

瞒大家说，我就是新任的左庶长啊，日后有许多的事情，还需要大家多多关照。明天就要颁布新法啦，照章执行的，有赏；恶意抗法的，不饶。总而言之，就跟兑现刚才的赏金一样，说到做到，绝不含糊。

一席话，让大家伙儿受教育不浅呀，散场后，城中百姓直夸新左庶长说话算数，够意思。第二天，商鞅新法公布出来，大家奔走相告，甭管喜欢不喜欢，都不敢怠慢，一律照办，生怕再次失去一夜暴富的机会，或者，不小心撞到万劫不复的厄运。

一段时间下来，新法执行得非常好。秦孝公笑眯眯地问商鞅：爱卿啊，这就是一根木杆的功劳吗？商鞅严肃地说：不。移动一根木杆并非难事，一个“信”字，才是千金难买的呀。

## 向历史借智慧

**一起成功的炒作事件**

商鞅推行新法，要怎么取信于民呢？派一千人挨村挨户发广告传单，老百姓都未必相信，但商鞅耍了个花招，演出搬木杆这出好戏。我们大可以猜测：围观人群中肯定有不少“托”和“推手”，为的就是要把这出戏推向高潮，保证达到预计效果。先让一部分人相信了，人人都是新闻媒体，经他们口耳相传、奔走相告，没多久，全国人民都知道了。

## 商鞅之死

秦孝公重用商鞅十八年，商鞅为秦孝公办成了两件大事：第一件，新法畅行无阻，秦国国富民强；第二件，打败强邻魏国，将魏国河西七百里疆域收入囊中。

为了表彰精英分子商鞅的功绩，秦孝公将魏国敬献的商於等十五城，赐给他作封地，从此，人们都称他为商君，这就是“商鞅”名字的由来。

商鞅谢恩回府后，大摆宴席，庆贺一番。席间，他笑眯眯地对左右说：你们大家给说说，像我这样，人生的荣华富贵，是不是就算到了顶点啊？

左右都齐声说：那是那是。这时候，就听一个人叹了一口气，说：你们这些人哪，吃人家穿人家，却不为人家分忧，不地道啊。

大家伙儿一看，说话的是府上的贵客——知识分子赵良。商鞅就问了，依照先生的说法，大家伙儿都是在谄媚逢迎我呀。那请您给说说，我这点事，与“五羖大夫”百里奚相比如何啊？

### 庙堂真相

**大人物也有偶像**

商鞅的偶像是谁呢？答案是百里奚。百里奚是秦穆公时期的大臣，协助秦穆公成为春秋霸主之一。商鞅的目标是把秦国建设成为第一强国，所以想跟百里奚一比高低。不料被赵良泼了一盆冷水：倒不是您商鞅大人功劳不如百里奚，而是您为人苛刻，跟百里奚是两个极端，不论是当官的还是老百姓，您都给得罪了。果然，商鞅出事时连个躲的地方都没有。人缘很重要啊！

赵良说：五羖大夫治国，讲究一个“仁”字，他去世时，百姓沿途哭送，如丧考妣。现在您治国十八年，强调一个“酷”字。百姓只畏惧您的威严，而不感激您的恩德，只知道追逐功利而不明晓大义所在。所以啊，我担心，一旦大王归西，您不定会遇到什么样的待遇呢？

商鞅没好气地说，依照先生的见解，我该怎么样才能善始善终啊？

赵良回答说：依我看，您最好明天就向大王举荐贤能之士代替您，您辞去官爵俸禄，归耕陇亩，这样或许还能保全自己。

商鞅不乐意听了，心想，举荐贤能之士？贤能？谁呀？我怎么没发现？不用说，宴席不欢而散，这个事也就不了了之。

没想到，说这话还没过五个月呢，秦孝公就撒手归西了，太子驷继位为君，这就是秦惠文公。不夸张地猜测，秦惠文公登基的当天晚上，新仇旧恨肯定涌上了心头，心想，报仇的时候终于到了。

那么，惠文公和商鞅大人究竟有什么刻骨仇恨啊？原来呀，这家伙做太子的时候，商鞅大人立的新规矩，让他和一帮子老臣

## 典故制度

### 远水救不了近火

鲁穆公派自己的儿子去晋国、楚国做官，搞公关。犁钼说：“从越国借人来救溺水的孩子，越国人虽然善于游泳，但孩子一定救活不了。失火了，从海里取水来救，海水虽然很多，但火一定扑不灭了。因为远水救不了近火。晋国和楚国虽然强大，但齐国离鲁国更近，如果受到齐国攻击，鲁国的祸患恐怕难救了。”这就是“远水救不了近火”的出处。后人说，“满目山河空念远，不如怜取眼前人”，与之有异曲同工之妙。

非常难受，于是这帮子人就结起伙来，与商鞅唱反调。

这事要搁在宋朝王安石立新规矩的时候，这帮子人最多就是被发配到偏远地方吃点苦头就算了事，但是，这事搁在商鞅大人这儿就严重了。人家商鞅大人也不憷您，有严厉的刑罚伺候您，比如大辟、凿顶、抽肋、镬烹等。太子又怎么样？王子犯法，与庶民同罪。于是，追究下来，太子的两个老师做了替死鬼：一个割鼻子，一个脸上刺字。您想想，打狗还得看主人，这仇不报行吗？可是，商鞅大人倒好，新君继位，他一点儿危险的气氛也没嗅到，照样享受前呼后拥，爱理不理的。

受害者们再也沉不住气了，联名上书，让秦大王为大家报仇，罪名就是：蓄意谋反。大王说，这个罪名一时半会儿找不到证据，我爱惜名声，怕天下人不服，大家伙儿甭着急，我自有办法，慢慢地收拾他。

转天，大王亲切地接见了商鞅大人，说，最近听了一些闲言碎语，说大人有谋反之心，我哪里会信啊。大人别往心里去，该干吗干吗。不用说，商鞅大人是暗吃一惊啊，第二天，就乖乖地交出了相印，说，年老多病，不堪重任，请大王恩准退休。

野史秘闻

**堪舆之神樗里疾**

樗里疾是秦惠文王的异母弟，有“智囊”之称。《史记》记载，樗里疾临终前曾预言：“百年之后，会有天子的宫殿夹着我的坟墓。”一百多年后，西汉所建的长乐宫就在他坟墓的东边，未央宫就在他坟墓的西边，武库正对着他的坟墓，果真如樗里疾所预言的那样。于是后世的堪舆家皆奉樗里疾为相地术正宗，尊之为神。传说樗里疾有相地术著作《青鸟经》传世。

大王接着问：那封地商於十五城是不是也——？商鞅大人笑眯眯地说，这不好吧，这是先王留给咱养老的。大王一看，心想，算了，回头再收拾您，便吩咐放行。

商鞅大人辞行这天，那真是前呼后拥，人山人海呀，声势比起列国大王出行有过之而无不及，文武百官饯行相送，秦国朝堂为之一空。

老臣甘龙、杜挚一看，这还得了，便来跟大王告状说，商鞅聚众谋反，就在眼前呀。惠文公大怒，当即命令公孙贾领士兵三千，前去追讨逆贼。都城小百姓怨恨商鞅已久，这时候，听说公孙贾要领兵追杀他，也自告奋勇，愿意效力。

这边，商鞅乘车出城，没走上百十里，就听到后面喊声大作，派人一打听，才知道是大王派兵来追杀他了，不由得心下大惊，急忙脱去华服，扮作一个小兵，丢下队伍，转眼间，溜之大吉了。

商鞅一口气逃到函谷关，见天色已晚，便到一家旅店投宿。店主说：您的身份证明呢？商鞅说，没有。店主说，商君规定，不许没有身份证明的人住宿，违者斩首。不好意思，再见。

商鞅蔫不唧唧踱出来，暗暗叹气说，我这是自作自受啊。于

## 典故制度

**三人成虎**

魏国大臣庞恭陪太子去赵国做人质，担心被人造谣中伤，临走前问魏王："有人说集市上有老虎，您会信吗？"惠王说不信。"如果有两个人这样说呢？"惠王说会怀疑。"如果有三个人这样说呢？"惠王表示会相信。庞恭说："集市上不可能有老虎。现在我要远离魏国，从赵国邯郸到魏国大梁的距离，远超过朝廷到集市的距离，背后诽谤我的人也不止三个，希望魏王能够明察。"魏王满口答应，但后来果然信了小人的谗言，疏远庞恭。

是连夜混出函谷关，逃到魏国。

魏惠王心花怒放。

几年前，商鞅领着秦军推进到魏国边境，魏军统帅公子卬出兵与其对峙。商鞅当初在魏国时和公子卬结下了深厚的友谊，所以就写信给公子卬说，当初我与公子相处很欢乐，如今你我在战场上相遇，朋友兵戈相见，我不喜欢。我希望咱们和平解决，你来跟我谈谈吧。

公子卬以为友谊之花绽放了，欢喜地冲进了商鞅的军营。结果是，他被软禁了。魏军因为没有了主帅，土崩瓦解。魏惠王只好割了黄河以西七百里土地作为求和条件。

魏惠王回想起这段往事，又想起当年公叔痤劝他杀掉商鞅的建议，不胜愤怒，便下令，全国搜捕，回头好献给他的仇家——秦大王。商鞅一听，坏了，牙一咬，又逃回封地商於，想起兵反秦，结果被公孙贾抓获。

转天，秦大王宣布了商鞅的罪状，命人将他押到闹市，五牛分尸。据说，小老百姓纷纷争抢着割他的肉吃。紧接着，秦大王又下令：灭族。于是，商鞅的时代结束了。

## 向历史借智慧

### 干得好不如人缘好

史书上说，商鞅为相十年，国人都怨恨他。一个功劳这么大的人，怎么会如此身犯众怒呢？原因可能在于，当官的恨他、忌他，为的是争权夺利；老百姓也怨他、恨他，为的是法律严酷，老百姓被管得死死的，动辄得咎。所以商鞅的悲剧下场，归根到底还是因为人缘太差。可见，干得好，不如和同事人缘好，更不如和领导沟通得好。这个道理，上班的人一定要懂的。

## 学习笔记

# 第二章　师兄弟龙虎斗

同乡、同窗、同事，据说是人脉术中最坚硬的三大拳头兵。下面的故事就以校友俱乐部中的两对冤家师兄弟为主角。

前有庞涓、孙膑，越是师兄弟，越是斗得急。这是恶性竞争导致两败俱伤的典型。

后有苏秦、张仪，师兄弟、哥俩好，排排坐、吃果果。看官们可要知道，像这样的一起发财、一起做大事，才是校友俱乐部的初衷啊！

# 邹忌谏齐王

齐国的掌舵人田和被周王封为齐侯，这件事给以后的继任者留下了无限的遐想空间。田和去世后，太子田午继位；田午去世后，太子田因齐继位。田因齐继位后，自恃国富兵强，觉得自己应该比其他诸侯小国国君的地位更高一些，于是也改号称王，这就是齐威王。

田因齐称王以后，自我感觉不错，从此纵情声色，不理国政。韩、魏、鲁、赵四国见状，也不含糊，纷纷发兵来攻，几次交手，齐国都不是人家的对手，不用说，一时间民怨沸腾，思慕变革的情绪潜滋暗长。

一天，一个文人登堂求见齐威王，自称："小民姓邹名忌，本国人士，精通音律之道，听说大王喜好音乐，特来求见。"

齐威王将邹忌召入，让他当场演奏一曲。琴摆好了，邹忌也坐下了，却抚弦不弹。威王感到奇怪，就问："先生抚弦不弹，是嫌琴不好呢，还是对寡人的招待不满意啊？"

### 庙堂真相

**田齐发家史**

历史上，齐国又有吕齐和田齐之分。以前国君吕氏（姓姜，即姜子牙的后代），就是吕齐；公元前 391 年，田和废齐康公，又把他赶到黄海边上一座小城养老。前 386 年，周王室封田和为齐侯，从此国君为田氏，这就是田齐发家的开始。前 334 年，齐国和魏国国君在徐州（今山东滕州东南）会面，宣布称王，齐国即齐威王，魏国即魏惠王，史称"徐州相王"。

邹忌将琴推开，一脸严肃，说：“小人的研究方向是琴道。弹琴本是乐师的事，小人虽然略懂一二，但并不精熟，没法弹呀。”

齐威王说：“那你就给我讲讲琴道也行啊。”

邹忌便开始演讲：“据小人的考证，‘琴’就是‘禁’的意思，禁就是禁止过分沉溺。过去，伏羲氏造琴，琴长三尺六寸六分，象征三百六十六日。宽六寸，象征上、下、东、西、南、北六合。前宽后窄，象征金、木、水、火、土五行。大弦是君王，小弦是臣子；琴音因缓急而分为清浊，浊音宽厚而不松弛，是为君之道；清音高亮而不乱上，是为臣之道。首弦是宫，次弦为商，再次为角，再次为徵，再次为羽；文王、武王又各加一弦，文弦为少宫，武弦为少商，表示君臣相合。君臣配合默契，政令才能顺利实施，治理国家的道理，难道不也是这样吗？”

威王心头一震，说道：“先生以琴来规劝我，我已经知错了。”当天，威王便将邹忌留在宫中，第二日又召见他，与他谈论国家大事。

邹忌劝齐威王远离声色，驱逐身旁的奸佞小人，安抚百姓，练兵备战，这样才可以图霸称王。齐威王大喜，当即要拜邹忌为相，

### 典故制度

**一飞冲天，一鸣惊人**

齐威王刚上台时，荒淫享乐，不理朝政，齐国形势很危急。威王喜欢猜谜语，淳于髡就跟齐威王猜谜语，他说：“国家里有只大鸟，停驻在大王的庭院里，三年不飞又不鸣，大王知道这鸟是为什么吗？”齐威王说：“这只鸟不飞就罢了，一飞直冲云霄；不鸣就罢了，一鸣震惊国人。”于是召见各地县令七十二人，奖赏一人，诛杀一人，发兵出城，各诸侯国感到惊恐，都归还了之前侵占齐国的土地。

邹忌也不客气，坦然接受。

再说，齐国有一个博学善辩的人叫淳于髡，他听说邹忌仅凭嘴皮子，就轻而易举地独享荣华富贵，心里非常不服，便率领一群弟子来会一会邹忌。

邹忌将淳于髡请入。淳于髡大大咧咧地坐到首座上。刚坐稳，他便开口说："我有几句话想说给相国听。"邹忌说："请讲。"

淳于髡说："儿子不离母亲，妇人不离丈夫。"邹忌说："多谢指教，我不敢远离君王。"

淳于髡又说："木头做成车轴，再涂上羊油，是天下最滑溜的东西，但是，将它放在方孔中，它就不能转动。"邹忌说："多谢指教，我不敢不顺应人情。"

淳于髡又说："木弓虽然粘得很牢，也有干枯开裂的时候；河流肆意横流，到了海里就自然合为一体。"邹忌说："多谢指教，我不敢不亲近百姓。"

淳于髡又说："狐裘再破，也不能用黄狗皮来修补。"邹忌说："多谢指教，我一定会任用贤能之人，决不让奸佞之徒混在其中。"

淳于髡又说："轮辐不讲究长短分寸，不能成车驾；琴瑟不

---

### 名臣风骨

**人精淳于髡**

来考邹忌有几斤几两的淳于髡，是齐国的学术元老，他出身贫寒，是个倒插门的女婿，但学问精深，尤其察言观色很有一套。一次他在魏国，魏惠王两次接见他和孟子等一批学者，淳于髡都没发言。魏惠王不解，别人告诉他，淳于髡不发言，是因为他看出您的花花肚肠在想别的事情。魏惠王大惊，原来第一次是有人送他好马，第二次是有人送他舞伎。

讲究轻重缓急，不能成音律。”邹忌说：“多谢指教，我一定明修政令，用它来约束那些贪官污吏。”

到了这里，淳于髡沉默了半晌，然后站起来，向邹忌行了一礼，一言不发退出去了。回去的路上，他的弟子问他：“刚才，您见到相国的时候，为什么一开始不待见他，后来又对他那么客气呢？”也就是说，怎么“前倨后恭”呢？

淳于髡回答说：“我连打了五个哑谜，相国都能对答如流，他的确有将相之才呀。齐国交给他治理，是大有希望的，我不如他啊！”

从此，淳于髡对邹忌心服口服，邹忌也时时牢记淳于髡的话，全心全意治理国家，没多长时间，就政绩卓然。

## 向历史借智慧

**跟领导说话的艺术**

伴君如伴虎，领导之所以为领导，就是他的权威不容任何人侵犯，所以和领导说话一定要讲究技巧。一句话说对了，领导对你提拔、给你发奖金；一句话说错了，领导降你的职、处处给你穿小鞋。历史的经验告诉我们，和领导说话也并不就是一定要夹着尾巴、阿谀奉承，而只是需要多一点技巧，尤其是提反对意见时，委婉一些，再委婉一些，再再委婉一些，把话说得顺耳，涂过糖衣的药仍然是药，仍然可以治病。

# 即墨大夫与阿城大夫

邹忌做了相国后，对地方官的选拔和奖惩非常下功夫。他经常问下属："嗯，据你们所知，全国各地的父母官，谁最贤明，谁最无能啊？"大家一致认为：阿城大夫最贤明，即墨大夫最无能。

邹忌将这个调查结果，报告给了齐威王。齐威王询问左右侍从，大家的说法大同小异。齐威王就问邹忌，爱卿啊，这个事，你怎么看哪？邹忌说，眼见为实，耳听为虚。没有调查，没有发言权嘛。

齐威王认为有理，于是派两个心腹之人分别到阿城和即墨，暗地巡查一番，回来跟齐威王一汇报，是这么回事。齐威王一听，大怒，当即传令两地父母官入朝述职。

两位大夫赶到都城后，齐威王将大臣召集到朝堂，举行了观摩、批评和表彰大会。大家交头接耳，议论纷纷，都说："嗯，这回，阿城大夫肯定会受到表彰，即墨大夫会受到通报批评。"

等大臣们朝拜完毕，威王先把即墨大夫叫过来，说："自从派你到即墨做地方官后，每天都有指责你的话传到我的耳朵里来

名臣风骨

**邹忌讲道理**

邹忌给齐威王讲故事：徐公是我们齐国公认的美男子。妻子跟我说，您比徐公帅多了！小妾也说，见过帅的，但没见过您这么帅的！客人说，徐公哪有您帅呀！总被人这么夸，我也觉得自己比徐公帅。直到我见了徐公，觉得徐公比我帅太多了。于是我就想，妻子夸我是爱我，小妾夸我是怕我，客人夸我是有求于我。大王啊，我才是一个小官，您是一国之主，您每天得听多少假话啊！齐威王一听，懂了。

呀。我不敢不经调查，就轻易批评或表彰一个人。所以，就派人去你的地盘一看，哟，发现你把即墨治理得很好。我就想啊，怎么会有这么大的反差呢。这时候，邹相国的话提醒了我，那不就是，你一门心思干正事，不肯向我左右的人贿赂献媚，这才受到诽谤排挤的嘛。你才是我要表彰的人哪！”

大家伙一听，都吃了一惊，有明白的，有不明白的；有糊涂的，有装糊涂的。总之，大家各怀心思，鸦雀无声。

紧接着，威王又将阿城大夫叫到跟前，说：“自从派你到阿城做地方官后，每天都有赞美你的话传到我的耳朵里来呀，我不敢不经调查，就轻易批评或表彰一个人。所以，就派人去你的地盘一看，哟，却发现你那旮旯田野荒芜，百姓到处要饭。我就想啊，怎么会有这么大的反差呢。这时候，邹相国的话提醒了我，那不就是，你一门心思地搜刮俺的小老百姓，又怕事情露馅儿，就用重金厚礼向我的左右行贿，让他们为你说好话来哄骗我。实话告诉你吧，在我的地盘儿，不称职的父母官很多，但没有一个比你更恶劣。你才是我要惩罚的人哪！”

阿城大夫一听，吓得魂飞魄散，赶忙叩头谢罪。威王余怒未消，

野史秘闻

田文试齐威王

田文，即“战国四公子”中大名鼎鼎的孟尝君，在齐国为相。齐威王的夫人死了，有七个美人都是威王所宠爱的。田文不知道威王打算立哪一个为夫人，又不能直接去问，就想出一个绝妙的办法：一次性献给威王七副耳环，七个美人都有份，但其中有一副比其他的要精美得多。第二天，结果就出来了，哪位美人戴了最美的那副耳环，田文就劝威王立她为夫人。——想知道某个答案，就创造条件让答案自己浮现出来！

让人抬出一口大锅来，里面倒上水，下面用大火将水烧开，一声令下，就把阿城大夫扔进锅里。不用说，转眼间，阿城大夫就变成了“水煮鱼”。大家伙一看，吓得冷汗直流，小腿肚子直打战。

齐威王还不解气，又将平常夸赞阿城大夫、诋毁即墨大夫的几十名侍从叫到面前，责骂道：“寡人将你们当耳目看待，你们却私受贿赂，颠倒黑白，结起伙儿来蒙骗我，像你们这样的废物，留着又有何用？”于是，一声令下，将这些人又挨个儿投到锅里，做成了“拔毛鸡”。

有了这一番批评和表彰，在场的人无不心惊胆寒，打这以后，好长时间都不敢胡来了。看见没，一锅汤的力量就是这么大!

## 向历史借智慧

**虚假情报害死人**

生活中，我们做出的每一个选择和决策，很大程度上依靠的就是我们搜集得来的“情报”。如果这些情报本身是虚假的、错误的，那我们很可能就要上当、吃大亏。就像故事中，好好工作、为国为民的即墨大夫，却被当成坏官的榜样；搜刮百姓、误国殃民的阿城大夫，却被当成好官的榜样。一旦这样的错误情报被作为决策的依据，吃亏的可不只是某个官员，而是整个国家和人民。

# 孙膑装疯

半仙鬼谷子大师有两个高徒，一个叫庞涓，一个叫孙膑。同学期间，他们同吃同住，一起钻研兵法，一起憧憬未来。

后来，在他们之间发生了许多故事。为了让故事更富有戏剧性，老天爷将他们生得一个奸诈，一个温良；一个高调，一个低调。

庞涓耐不住寂寞，先行一步，凭着自己过硬的实力，在魏国做了大将军。为了兑现承诺，他又向魏王推荐了自己的好朋友孙膑，两个人从同学一跃而成为同事。

庞涓非常了解自己的这个同学，也非常明白自己的长项和弱项，更明白自己的理想和追求，所以，孙膑在魏国担任的也是个闲职——军事顾问，和大将军的名气和待遇没法比呀。

老实说，人家孙膑可不知道自己的同学有这么多小心思，开口闭口感激不尽呢。

俗话说，是金子总会发光的，没多久，魏王就发现：哟嗬，这个军事顾问好像比咱们大将军更厉害呢。这是怎么回事？这该

社会风情

**越神秘越有炒作亮点**

如今“博导”满街走，所以“博导”也就不值钱了，可战国时候，称得上“博导”的人屈指可数，鬼谷子就是其中之一。而且，和孟子、墨子等相比，鬼谷先生玩的是纵横之术和奇门遁甲之法，号称前知五百年、后知五百年，在群众眼里，更添了无限神秘的色彩，后世的张良、诸葛亮、刘伯温等“半仙”，都是跟他学的。

怎么办啦？

庞涓立马笑眯眯地说：孙膑是大军事家孙武大师的嫡派子孙嘛，又是我的同学，等不久的将来，他建功立业了，我就让贤。

孙膑一听，非常腼腆，笑着说，哪里哪里，都是魏王您和大将军二位的抬举。我现在就很好，大将军您千万别这么说。

说这话的当天晚上，庞涓就睡不着觉了，眼前的事实与自己的理想和追求严重抵触，咱比孙膑可差得不是一星半点儿啊，这可怎么办呀？

好在二位当事人都是学兵法出身的，使点小心思都是专业之内的事情，手到擒来。于是，庞大将军眉头一皱，计上心来，嗯，就这么办。

一天，庞涓抹着泪来见孙膑，说您前几天准备回国探亲，现在有人秘密告发您里通外国，妄图颠覆现政府……大王盛怒之下……您是知道的……亏得我好一阵求情，才改作……您就忍忍吧，都是我害的您……我要好好照顾您一辈子。

孙膑大惊失色，想向魏王申辩，不用说，连个面都见不上，一时间手足无措，官司催得紧急，他长叹一声，心说，还是认了吧，

庙堂真相

**齐威王比宝**

齐威王和魏惠王一起打猎，两人比宝。魏王说我有十颗特大夜明珠，能照亮前后各十二辆车的距离。威王回答："我有个大臣叫檀子，派他镇守南城，楚国人就不敢向东进，十二诸侯都来朝拜。我有个大臣叫盼子，派他镇守高唐，赵国人就不敢到东边的黄河捕鱼。我有个官吏叫黔夫，派他镇守徐州，燕国人和赵国人就都去祈求神灵保佑。我有个大臣叫种首，派他捕盗，结果路不拾遗。"魏王惭愧而去。

下半辈子，总算还有庞兄弟照顾我，于是一咬牙，一闭眼，任刀斧手把两个膝盖骨儿给剔了，脸上也刺了字。小样，看你还想跑。孙膑名字中的“膑”字就从这里来的，因为他受了膑刑（也有人把“膑”解释为砍去双腿）。

转天，孙膑的伤势好些了，就腼腆地对庞大将军说，我一个废人，也没什么能够报答您，我想把鬼谷子大师教给我的兵法，写个回忆录……

庞大将军一听，大喜过望，心说，孙兄弟您真是我肚子里的蛔虫，太感谢您了……表面上客气一番，就让人伺候孙膑写回忆录。

过了几天，有个伺候孙膑的小厮看不过眼了，暗示孙膑说：您可能不知道吧，咱们庞大将军可不是您想象的那种人，据小的所知，您现在受这苦，连路都没法走了，这些可都是庞大将军建议魏王给弄的。留着您，就是让您写这个回忆录……这个事除了您自己不知道，地球人都知道。

不用说，孙膑一听，顿时大惊失色啊，仔细一琢磨，这一切太有逻辑性了，一着急，吓得冷汗都出来了。第二天，吃中午饭的时候，小厮慌慌张张地来报告庞大将军，不知为什么，孙先生

典故制度

**一暴十寒**

孟子见齐宣王，两人话不投机，孟子很不满，批评说：“大王您也太不明智了。天下虽有生命力很强的生物，可是‘一日暴之，十日寒之’，它哪里还活得成呢！我跟您在一起的时间是很短的，您即使有了一点从善的决心，可是我一离开，您又会听信那些奸臣的话，叫我怎么办呢？”“一日暴之，十日寒之”，意思是阳光下晒一天，又在阴寒之地冻上十天。后来这个成语被精简成“一暴十寒”，“暴”同“曝”，今作“一曝十寒”。

突然发疯了，半拉子回忆录也丢在火盆里烧了。

庞大将军一听，也大吃一惊，赶到事发现场，就见孙先生披头散发，趴在地上，脸上鼻涕眼泪都分不清了，逮谁叫谁大师。

庞大将军心里一声冷笑，心想，小样，跟我玩儿这个，没门。面子上却叹息了一番，就叫人将孙先生丢进猪圈里，想用刺激疗法，挽救孙先生的尊严。

这时候，孙先生也打定主意，要和好朋友好好玩玩，于是趴在屎尿堆里，逮什么吃什么。时间一长，庞大将军没了耐心，心想，真废了？唉，只可惜了他一肚子学问，尤其是那本回忆录。

他本想咔嚓掉孙先生了事，又怕外人说大将军对朋友不仗义，于是将孙先生从猪圈里拖出来，洗巴洗巴，换上干净衣服，任他在大将军府里、在大街上爬来爬去。

不久，齐国的几个大人物听说，自己国家的杰出人才在海外受了迫害，变得半疯不疯的，非常气愤，就想为孙先生讨个说法。

恰好，游侠兼高级知识分子墨翟也在现场，就说，据我了解，凭孙先生的智商，他百分之一百二是装疯，说不准回到祖国，他还能够再发挥余热呢。一番话，说得大家心花怒放。

### 野史秘闻

**注定不会有收获的事，何必去做**

魏王想联合秦国攻打韩国。张旄问："韩国是准备坐等亡国呢，还是宁愿割让土地以求反攻？"魏王答：后者。张旄又问："韩国恨魏国，还是恨秦国？"答：魏国。"韩国会认为秦国强大呢，还是认为魏国强大？"答：秦国。"那韩国是向强大和无怨恨的国家割地投降呢，还是向他认为不强大并且心有怨恨的国家割地投降？"答：当然是前者。张旄说："那么要不要攻打韩国，答案就很清楚了！"

说干就干，大家一合计，明着抢人肯定不行，人家魏国可不是吃素的。于是，转天，齐国派一个机灵鬼去魏国打探了一番路线，回来后，这么这么一汇报。齐国就正式派出一个访问团，对魏国进行友好国事访问。

不用说，下榻酒店后，几个间谍分子就在街边上的牛栏里找到孙先生。告别回国的那天，间谍分子们废话没有，将孙先生换了衣服，塞进行李箱，就蔫不唧唧出城去了。

第二天，庞大将军就来向魏王报告，囚犯孙膑投井了，喏，您瞧这脏衣服。其实，他的心里已经有了不祥的预感。

魏王捂着鼻子说，去去去，投井就投井了呗，别把脏衣服到处摆弄好不好？要注意礼貌。于是，孙膑装疯的故事就告一段落了。

## 向历史借智慧

**最晚知道真相的那个人**

受害者往往都是最晚知道事实真相的人，这已经成了生活中的通则。当然，有些事情，不知道真相也好，糊涂的人有糊涂的幸福，身边人也常常出于怕伤害人的心理，帮着隐瞒真相。而有些事情，还是越早知道真相越好，比如孙膑这事。俗话说"被卖了还帮人数钱"，如果一个人真混成了那样，那就实在太可悲了。

# 庞涓之死

自从孙膑孙先生莫名其妙地失踪之后，大将军庞涓心惊肉跳了好一阵子。不过，贵人多忘事，身为大将军，还有更多更重要的事情要操心呢，没多久，他就把这茬忘得一干二净了。

公元前354年，魏国对赵国都城邯郸进行围攻战，赵国向齐国求救。齐国派田忌为将，孙膑为军师，率兵八万救赵。田忌认为应该向邯郸急行军。但孙膑聪明伶俐，他认为，魏国的精锐部队都集中在赵国邯郸，国内空虚，我们如带兵向魏国的都城大梁（今河南开封）猛插过去，占据它的交通要道，袭击它空虚的地方，如果魏军不傻，必然回救，只要我们在预先选好的作战地区桂陵迎击魏军，必然取胜。事后果如孙膑所言，魏军大败。这就是桂陵之战。

桂陵之战后，庞涓回忆往事，不禁汗流浃背。这孙膑竟然装疯卖傻骗过了他，跑到齐国做了军师。见到王者归来了，庞大将军的冷汗都下来了。好在魏大王同意将功折罪，庞大将军才能够

庙堂真相

**师兄弟龙虎斗**

人生有几大关系最重要，同乡、同学（师生）、同事，再加上一种血缘（亲戚）关系，一个人一生的事业，主要就是和这几种关系密切相关。事业成功靠它们，但有时候吃亏也是因为它们。在这两对同学当中，孙膑和庞涓是师兄弟龙虎斗的典型，而苏秦和张仪，则是师兄弟联手求富贵的榜样。

继续为国效力，只是从此低调了许多。

要说魏大王这人也比较健忘，前面桂陵之战的伤疤还没好彻底，这又惦记起韩国来了。老实说，这一次，大将军庞涓不那么踊跃了，但是人在江湖，身不由己啊，不踊跃也得去，于是就出发了。

老样子，几个回合下来，韩国撑不住，甘愿献上土地，请齐大王相助。齐宣王征询大将军田忌和谋士孙膑先生的意见：两位爱卿怎么看呀？

谋士孙先生说，救自然要救，但是，咱们就不必太热情吧，等他们两个都累得差不多了，咱们再出手。齐宣王听了，顿时眉开眼笑，于是答复韩国使者说：您回去吧，咱们的援军马上就到，等咱的好消息，不见不散。

韩哀侯闻讯大喜，亲自率军民奋力反抗，又和大将军庞涓打了五六个回合。眼看就快顶不住了，赶忙又派使者赴齐国哀求，田忌和孙膑这才率战车五百辆、数万士兵，磨磨叽叽出发了。

路上，田忌问孙膑，您看，咱们该怎么个救法呀？孙膑说，老样子吧。田忌这回将信将疑，但是，人家愿意按孙膑的计划

名臣风骨

**田忌赛马**

兵法学好了，可以用来指导生活。孙膑和大将田忌关系挺好，田忌和一帮王室子弟赛马赌钱，因为马不如人，所以老输。孙膑就给他出主意，再赛一轮，用您最差的马跟对方最好的马赛，用您最好的马跟对方中等的马赛，再用您中等的马跟对方最差的马赛，三局两胜，还是您赢。田忌照做，果然赢了。这孙膑真是高人呀，田忌就把他推荐给了齐威王。做事如赛马，只要总分赢了就好，而不必纠缠于局局都赢。

行动。

转天，大将军庞涓就听说，齐国的大部队又想往自己的国都——大梁插冷刀子。不用说，这一次大将军庞涓是又怕又气，心说，还有完没完啊，孙哥哥，您来点儿新鲜的好不好？

甭管有多不乐意吧，大将军庞涓一点辙儿都没有，苦着脸往回赶，这回吸取了教训，非常谨慎。田忌听说大将军庞涓回师了，就问孙膑：您看，咱们下一步怎么办哪？

孙膑说：我师弟的脾气我非常了解。虽然上次吃了大亏，但是，在他灵魂深处，他是瞧不起咱的。再说了，齐国不当大哥好多年了，在他灵魂深处，他也压根儿瞧不起咱们齐军。这样也好，咱们就见机行事吧。

于是，他这么这么给田忌一献计。田忌听了，将信将疑，但是人家愿意按孙膑的计划行动。

再说庞大将军，眼看对韩国就要大获全胜，没想到好事又被大师兄给搅黄了，心里头不怒火中烧都不行。等到大军赶到自己的地盘，要和大师兄过过招，人家大师兄早就溜走了。

庞大将军气得咬牙呀，就想，咱和大师兄的恩怨，迟早都会

### 野史秘闻

邹忌逼走田忌

丞相邹忌和大将田忌不和。公孙闬向邹忌献计：命田忌率兵去打魏国，打赢了，那是您策划有功；打输了，田忌不死在战场，那就让他死在军法之下！不料田忌运气极好，三战三胜。公孙闬又出第二招：派人自称是田忌的部下，招摇过市，请人占卜：“我家将军三战三胜，如今想做一件大事情，请你占卜吉凶！”卜卦的刚走，公孙闬就逮捕卖卜的，带到齐王面前，齐王一听田忌要谋反，去抓田忌，田忌仓皇而逃。

有一个了断，这样拖下去，大家吃不消睡不着的，也不是个办法，报仇报怨，就在今日，不是你死，就是我活，不是鱼死，就是网破。于是下令：全速追击。

追了没多久，就遇到一个齐军扎营的地方，发现灶坑很多。这回，大将军多了一个心眼儿，让人一数，没想到足有十万之多。大将军暗吃一惊，心说，还真不能轻敌呀。

第二天，大部队又遇到一个齐军扎营的地方，发现灶坑不是很多呀，叫人一数，没想到，只有五万吃饭的家伙了。大将军大喜，对左右说，俺说了吧，在俺天军面前，齐国人都是屄包，都溜了。于是下令：全速追击。

第三天，又遇到一个齐军扎营的地方，大家一看，发现灶坑很少很少了，命人一数，没想到，只有三万吃饭的家伙了。大将军拍手大笑说：天助我也！当下传令，选出精兵两万，分为两队，由自己和太子申分领一队，兼程追击，又令侄子庞葱率后军跟进，作为接应。

这天傍晚，庞大将军一彪人马追到一个谷口，一打听，得知这里叫作马陵道。这时候，正是十月下旬，天黑得早，也没有月光。

典故制度

以一当十，以十当百

马陵之战后，孙膑提醒过田忌，孙膑说："将军返回时不要解除武装，安排一些老弱残兵把守主地（今山东省淄博市西南）即可。主地道路狭窄，车辆只能勉强通行，让老弱残兵把守，定能一而当十，十而当百，百而当千。然后率领轻车战马，直冲首都，一举夺取齐国大权。不如此的话，我担心将军不能安全返回齐国。"这就是"以一当十，以十当百"的出处。田忌不听，结果被是被邹忌算计，逃往楚国。

正在犹豫时，就听前哨来报，前面有树木挡住道路，大军难以前进。

庞涓当即喝令：清除路障，全速前进。这当儿，有小兵来报说，前面不远处，有一棵大树被剥去了皮，好像还写着什么字呢，黑咕隆咚，您要不要看看？

庞涓便带大部队拢过去，到了这棵树下，果然见上面隐隐约约有一行字，黑咕隆咚，看不清啊，于是命令军士点火照明。

众军士一齐点起火把，庞涓就着火光，看清了树上的那行字："庞涓死于此树下。"不用说，大将军庞涓当即大叫一声："俺又中了孙膑的计谋！"急忙转身，下令撤退。

话音未落，埋伏在高冈上面的齐军万箭齐发，箭如骤雨，魏军顿时大乱，死伤无数。庞涓也身受重伤。他料定自己无法脱身，于是长叹道："俺从前心软，不杀孙膑，今日让这小子名扬天下了，不甘心哪！"于是，拔剑自刎。

## 向历史借智慧

**嫉妒心害人害己**

庞涓和孙膑这一对师兄弟，火拼的结果，是一死一伤，伤的那位从此走不了路，坐在轮椅上指挥打仗，酷是更酷了，但酷是给别人看的，心里的苦，只有自己知道；死的那位呢，更麻烦，连带着使他服务的国家实力彻底跌落。而所有这一切，都起因于人的嫉妒心，这可真是害人又害己呀！

# 苏秦衣锦还乡

鬼谷子大师的高徒，除了孙膑和庞涓之外，还有苏秦和张仪两个。他们的研究方向是帝王之术，俗称杂学游说，说白了，就是为想称王称霸的国家领导人出谋划策。

转眼间，学艺期满，苏秦和张仪同学俩辞别鬼谷子下山，张仪回魏国老家，苏秦则回洛阳老家。这时候，苏秦的老母亲还在世，他本有一个哥哥两个弟弟，眼下，哥哥已经去世，只留下一个寡嫂，他自己的妻子也带着几个孩子。

苏秦离家数年，一家人重新团聚，欢喜自不必说。过了几天，苏秦准备出外谋生，于是便和母亲商量，想变卖家产作为路费。

老母亲、寡嫂、妻子都当场反对，说：您不愿干农活、做小买卖就算了，竟想通过耍嘴皮子来升官发财，得得得，咱们也不指着您，您也甭拖累大家伙儿。

弟弟苏代、苏厉就适时地提醒哥哥：咱们洛阳就是帝都啊，假设哥哥您手艺好，又何必舍近求远呢？家门口说话不花钱呀。

---

### 名臣风骨

**向苏秦学习**

在后人看来，苏秦最让人羡慕的，并不是搞合纵连横之类，把国际社会捏在自己手里，而是所谓佩戴“六国相印”，这可是：走到哪里都是亲人啦，走到哪里都是一人之下万人之上！这简直就是各国人民都喜爱的人。而且苏秦学习时，“读书欲睡，引锥自刺其股，血流至足”——这就是“头悬梁、锥刺股”，成为千古佳话。所以不能光羡慕苏秦的荣光，也要学习他刻苦钻研的精神。

苏秦一听，也对，于是有事没事和周显王的左右大臣套近乎。这伙人一看，你就一农民，你这一套对咱们贵族管用吗？骗吃骗喝吧？于是都不肯在周显王面前举荐他。

就这样，一耗一年，一无所获。这下苏秦可急眼了，甭管答应不答应，他吼起嗓子将家里的产业都换了钱，先做了一身工作服——黑色貂裘的，又买了车马雇上随从，出发这天，也没人送，就蔫不唧出门谋生去了。

他先来到秦国，拜见惠文王，对秦国一番憧憬。惠文王一听，是要我安分守己过日子的，心想，这些个事，我父母没教过我，得得得，送客。

苏秦不甘心啊，于是躲在旅店里，将这些年来的研究心得汇编成册，竟然有十几万字呐，自费出版，送给秦大王一本。秦大王一看，还是老一套，得得得，您请便，请便。

苏秦能甘心吗？又去拜见秦相国公孙衍。公孙衍一看自费论文，心想，有了这小子，我就只能领着老婆孩子喝西北风去了，就笑眯眯地说，庙小，要不，您再到别处去看看？

就这样，苏秦在秦国又待了一年，身上的钱都花完了，工作

野史秘闻

**石牛借道**

秦惠王想攻打蜀国，蜀道难行，找不到进军的路线，就想了条妙计：雕了五头石牛，超级重的，石牛屁股那儿放了些黄金。蜀国人看到了，以为石牛会屙金，这是宝贝呀，于是蜀王派出五个超级大力士，把石牛千辛万苦地拉回家。石牛所经之处，一条道路便轧了出来，于是秦军随后进攻，灭掉了蜀国。

服——貂裘也破了旧了，想见人也脸红，实在没辙了，只好将车、马、仆人都卖了，换点路费，自己担着行李徒步回到家里。

老母亲看见儿子这副狼狈相，大骂他败家，他妻子正在织布，听说丈夫回来打尖儿，手里的活儿也不歇，不搭理。这时候，苏秦正饥渴难耐呢，就暗示嫂子，做口饭吃，嫂子说家中没米没柴，谁叫咱家没男人呢。

苏秦郁闷得眼泪都下来了，就自我批评说，唉，不怪大家伙儿，只怪我自己无能。于是忍饥挨饿查检书箱，看到一册太公《阴符篇》，他猛然醒悟，下山前，老师鬼谷先生曾经交代，如果游说不得志，只需仔细钻研这本书，自会大有收益。

从此，苏秦闭门苦读《阴符篇》，昼夜不息，困了爱打盹，就在屋梁上坠下一根绳子，将自己的头发系在绳子上，打盹就拔毛，拔毛就痛醒了，继续读。后来拔毛也痛不醒了，就改用锥子扎大腿肉，有时候，鲜血会一直流到脚上哪。“头悬梁，锥刺股”，就是打这里来的。

总之，没等他想出第三种学习方法，他的学问就上身了。转天，现蒸热卖，他游说两个弟弟，两个人一听，这回哥哥是真有学问了，

野史秘闻

**算计田忌**

田忌跑到楚国后，邹忌还是担心他再回来。说客杜赫自告奋勇，跑去对楚王说：“邹忌之所以和楚国不友好，是因为他担心楚国支持田忌重返齐国。大王不如把楚地江南封赏给田忌，以表明田忌不打算返回齐国。这样，邹忌一定会和楚国保持友好；田忌到封地，也会感激大王，即使他将来返回齐国，也一定会和楚国保持友好。这就是利用田忌、邹忌二人的矛盾，有利于楚国的办法。”楚王照办，邹忌因此解除了心头大患。

心甘情愿将打麻将赢的俩小钱，给哥哥作路费。

天下分合兴亡大势，咱已了然于胸了，秦大王那厮不待见咱，咱就拆你的台。第一站赵国，离秦国远，也强大，见赵肃侯不是那么容易的，咱就拜见他弟弟相国公子成，给他摆摆天下大势。

没想到，相国这厮也不识货，咱也不强求。第二站燕国，燕文公左右大臣也不识货，不肯为咱传话，这就麻烦了，身上又没钱啦。

老天还算有眼，一天，苏秦正在街上要饭，恰逢燕文公出门观光，苏秦牙一咬，就闯了皇家仪仗。燕文公一听，才子苏秦，早有耳闻啦，哎呀，太委屈您哪，别见怪。一请教，果然有才，听您的：联合六国，反抗暴秦。

燕文公当即提供差旅费、车马、工作服、保镖，让他出使近邻——赵国。赵肃侯亲自接见燕国使者苏秦。一请教，果然有才，听您的：联合六国，反抗暴秦。

事有凑巧，这时候，秦大王仿佛知道苏秦要和自己作对，在这个节骨眼上来找赵国的碴。小菜一碟，苏秦到魏国张仪同学老家，一个激将法，张仪同学愿意帮咱，这事搞定。

### 野史秘闻

**秦国争宠**

陈轸与张仪都是纵横家，都到了秦国，为了争得秦王宠信，两人互相陷害。张仪散布消息说：陈轸对秦国不忠，准备投靠楚国了。秦王很生气，问陈轸，陈轸说："不仅张仪，连路人都知道我想去楚国；当年伍子胥忠于吴国，所以天下人都希望得到这样的臣子；曾参侍奉其母，天下人都希望有这样孝顺的儿子。如果我陈轸不忠于秦，楚国怎么会想得到我呢？"秦王一听，好像是这么个道理，于是继续信任陈轸。

接着又是赵国将相印授给苏秦，大宅子、宝马车、古董、布匹、美人儿、工作服、保镖、纵约长荣誉证，反正就是荣华富贵吧，应有尽有。苏秦底气更足了，出发，联合六国，反抗暴秦。

半年不到，韩国、魏国、齐国、楚国，全部搞定，加上燕国和赵国，正好六国。

好了，公务办完了，该回去给赵肃侯复命了。苏秦正好路过洛阳，诸侯们各派使臣相送，那家伙，仪仗森严，前呼后拥，车马辎重连绵二十余里呀。就连周显王闻听苏秦将到，也派人先清扫道路，在郊外设帐迎接呐。

言归正传。话说苏秦的老母，扶着拐杖在路旁观看，嘴里啧啧惊叹，两位兄弟、他妻子、寡嫂跪在郊外大道上迎接，不敢抬头正视。

苏秦坐在车里，对他嫂子说：嫂嫂，今天的中午饭做好了没有啊？寡嫂腼腆地说：兄弟，从前的事就别提了，我无地自容啊。苏秦长叹一声，说：哎呀，我今日才知道荣华富贵的妙处。

## 向历史借智慧

**梅花香自苦寒来**

人们只向往苏秦春风得意马蹄疾的场面，哪里知道他背地里头悬梁、锥刺股的情形呢！梅花香自苦寒来，没有成倍的付出，哪有让人眼馋的收获？想当初，虽然揣着一张毕业文凭，但是工作不好找，又是穷苦人家出身，投入那么多学费下去而不见产出，面对这种苦境，苏秦同学没有消沉，而是先从自己身上找原因，只有让自己更优秀、本事更强，才能脱颖而出。这是苏秦发家史给人的启示。

# 张仪入秦

张仪是魏国人，和苏秦是同学。据说二人毕业时，老师鬼谷先生摸着张仪的后脑，说："后！后！"张仪当时听成了"好"，于是很欢乐。

可学长苏秦已经挂了六国相印，张仪还一事无成，此时，他才明白老师那个字的意思。

张仪努力朝着理想大道前进，可处处碰壁，有时候还会碰到歧视与暴力。他曾在楚国令尹（宰相）那里混吃混喝，一次，饭局将要结束时，宰相发现身上佩戴的玉璧不翼而飞，吃饭的贵族们认真地推理说，那块玉璧精雕细琢，又是伟大人物所佩戴，价值不菲，可以买一套房。很简单，在座诸位谁没有房子，谁就是窃贼。

张仪立即被"万众瞩目"。宰相相信推理结果，叫人把张仪掀翻在地，先在他屁股上招呼了一顿板子，然后询问："玉璧在哪里？"张仪大叫冤枉。令尹是个厚道人，见他死活不承认，只

### 庙堂真相

**有眼不识张仪**

人不可貌相，更不可以服饰好坏、家贫家富来判断人，要知道：骑白马的不一定是王子，长翅膀的不一定是天使，西装革履的可能是掏垃圾箱的，街头贴"牛皮癣"的也可能自称广告人士。张仪同学就因为贫穷，穿得像农民工，所以受了楚国人的欺负，后来张仪发达了，把楚国整得死去活来，就与这段被欺辱的历史有关。

好放了他。

张仪一瘸一拐地回到出租屋，他女人一面为他搓揉伤口，一面叹息说："你整天去侃大山，现在可好，侃个烂屁股回来。"张仪翻过身来，一本正经地张开嘴："你看我舌头还在吗？"他女人仔细看了一会，的确没有任何损伤，一本正经地回答："在。"张仪翻过身去："这就够了。"

张仪在床上养伤时，突然接到了苏秦在赵国的来信。张仪立即奔赴赵国，他本以为时来运转了。等见到苏秦后，苏秦冷得如同一块冰。在吃饭的时候，所有来的人吃的都是生猛海鲜，只有张仪吃的是下人才吃的东西。

张仪气冲斗牛，质问苏秦为何差别待遇。苏秦在众目睽睽之下讥讽张仪：早知道你混到这步田地，当初就不应该从老师那里离开。张仪这个伤心啊，于是化悲愤为力量，放下狠话：好你个苏秦，现在东方五国和南方楚国都照顾你的生意，但西方还有个秦国，我这就去秦国，跟你对着干！

刻不容缓，张仪带着舌头就开始了西进。但舌头不能当饭吃，喜从天降的是，张仪在路上遇到一位好心人，这人把张仪的吃喝

### 典故制度

**张仪折竹**

张仪是纵横家的代表人物之一，他的同学苏秦，"头悬梁，锥刺股"，张仪在学习上也很刻苦。张仪年轻时替人家抄书，遇到没有见过的好句子，就抄在掌中或腿上，晚上回到家中，就折竹刻写。久而久之，记下来的妙言警句越来越多，张仪的学问也越来越好。这就是"张仪折竹"的典故，形容学习勤奋、刻苦。——可见，没有谁能随随便便成功！

全都包下来，还弄了一辆车子，让张仪一帆风顺地到了秦国。到秦国后，这人又拿出钱财来为张仪找关系，托人情，张仪才终于见到秦惠王。秦惠王几年前弄丢了苏秦，见张仪能言善辩，足智多谋，是个不世出的人才呀！赶紧好好接待，给予充分的重视，让张仪参与谋划军国大事。

张仪的好日子有了眉目，第一件事就是要报答一路上帮他的好心人。好心人语重心长地告诉他，苏秦才是您的大恩人啊！

张仪如坠云雾里。好心人就告诉他，苏秦搞了六国集团，非常担心这六国意志不坚定，会在秦国的进攻下背弃盟约，从而招致盟约的破坏。所以，必须要派一个卧底到秦国来享受荣华富贵，至于这个人该做什么，他自己最清楚。

张仪听了这些话，大发感慨："我在他人圈套之中，却全然不知，我不如苏秦啊！何况我又刚到异都，哪能谋攻赵国！请代我谢谢苏秦，他在哪儿，哪里就是我的禁地！"

"恩人"好一顿感谢，张仪则唏嘘不已。

## 向历史借智慧

**有能力，就有荣华富贵**

孔子说："君子忧道不忧贫。"这里的"道"，其实可以理解成"本事"。一个人，只需要担心自己的本事到不到家，有没有学到真本事就行，而不用太操心赚钱的事情。张仪也是孔子这句话的实践者，不管在外受了多大的委屈和痛苦，回到家里，只要知道自己的舌头还在，就不紧张。舌头，就是张仪的看家宝、全部本事所在。

# 丹阳之战

有那么一段时间，秦惠王特别想要对齐国采取军事行动，但顾虑齐国与楚国有互助条约，所以就派张仪前往楚国。张仪欺骗楚怀王，说只要和齐国断交，秦大王就可以把商於地区的六百里土地免费给他。楚王不假思索地答应了，跟齐国断交，然后派人去跟张仪要土地。张仪耍无赖，说当初答应只有六里，不是六百里。楚王对自己的听力很自信，气得七窍生烟，要找白眼狼张仪和匪人秦大王玩命。大臣陈轸反对，他说，眼下，反正咱已经和齐大王闹掰了，现在您又要找秦大王玩命，依小臣看，这没什么好处，咱们不如割舍两座城贿赂秦大王，与他合兵一起，攻打齐国，捞他个仨瓜俩枣的，这样咱们的损失就得到补偿了。

楚大王余怒未消，直说这是馊主意，欺骗咱们的本是秦国那厮，人家齐国又没有得罪咱们。现在和仇人合伙去打朋友，三岁的小孩听了，都会笑话咱们的。于是，楚大王当天就拜屈匄为大将，逢侯丑为副将，发兵十万，从天柱山西北进军，袭击秦大王的地

## 庙堂真相

**经不起忽悠的国主**

越国灭吴一百来年后，越国的好日子也到头了。公元前 334 年，越国想出兵分别攻打齐国和楚国，但被齐国人一忽悠，就放下齐国，一心攻打楚国，结果大败，越王身死，越国亡国。楚灭越后，声势大震，但楚国人也笑不了太久，到了楚怀王这里，经张仪几次翻云覆雨的忽悠，楚国损失惨重。更可怕的是，前 299 年，楚怀王又被一阵忽悠，跑去和秦王喝茶，当场被秦国人捉起来，一关就是三年，结果病死在秦国。

盘——蓝田。

秦大王一听，嘿嘿一笑，早就料到楚王会有这一出的，晚打不如早打，于是一面命魏章为大将，甘茂为副将，起兵十万迎敌，一面派人到齐国借兵。齐大王正生气着呢，听说有人愿意教训背叛自己的人，十分乐意帮忙，当即命大将匡章率兵前去助战。

这时候，楚军将士也没闲着，憋足了劲要复仇，因此，说他们不勇猛，就不仗义。转眼间，楚军攻克了秦大王的天险——武关，打开了通往秦大王老巢咸阳的门户。

秦大王一看，吃了一惊，没想到悲痛的精神力量这么大，齐大王许诺的战略援助还在千里之外哩，远水解不了近渴啊，这可怎么办哪？

一着急，秦大王想起了不久前被自己驯得服服帖帖的小弟——韩大王和魏大王，于是笑眯眯地说，等咱们灭了楚大王这厮，您二位想拿什么就拿什么，想拿多少就拿多少，如何？韩大王和魏大工顿时眉开眼笑，心说，在西边失去的，在南边找补回来，何乐而不为呢？丁是三家一拍即合，就这么办。

转眼间，三根绳子拧成一股，任楚国的猛人屈匄再勇猛，怎

### 典故制度

**朝秦暮楚**

战国时，秦国和楚国交战频繁。在秦国与楚国的交界之地有一个荆紫关，其中一部分属于秦国，一部分属于楚国。公元前 312 年，“丹阳之战”爆发，秦国一举击败楚国，把荆紫关全部划入秦国版图。后来，秦楚两国重新修好，秦国又把此地划给了楚国。成语“朝秦暮楚”即来源于这段历史。意思是有的诸侯小国为了自身的利益与安全，一时倾向秦国，一时又依附楚国。后世用来比喻人的行为反复无常。

能挡住三国联军的夹攻，不用说，楚军连战连败，一路向东逃窜。

三国联军一直追到楚大王的地盘——丹阳，恰好齐国大军赶到，四国合兵一处，就要拿屈匄的军队当点心。大家伙的仇恨虽然各不相同，但目的异常一致：干掉楚国大军。

屈匄一看，头都大了，双拳难敌四手啊，这仗还怎么打呀，就硬着头皮，聚集残兵败将再战。五路人马杀得天昏地暗，日月无光。最后的结果是，屈匄被甘茂取了首级，楚军大败，八万多人阵亡，逢侯丑等名将七十多人全部殉国，消息传回国都，举朝震惊。

随后，秦大王又遣军攻取楚地汉中，转眼间将汉中六百里地收归囊中，韩大王、魏大王也乘机攻取了楚国的邓地。楚大王一看这局面，腿肚子打战，赶忙派屈原到齐国请罪，派陈轸到秦国求和，愿意献上两座城池。秦军这才消停下来。

丹阳一战，秦大王重创楚大王的主力，消除了楚国对秦国的直接威胁，连横的局面云开雾散，前途一片光明。楚秦丹阳之战后，楚国由盛而衰，对秦大王来说，是喜报；对楚大王来说，是丧钟。

## 向历史借智慧

### 破罐子不能破摔

《百喻经》里有个故事：一个牧羊人，养着二百头羊，有一次，被狼偷吃了一头羊，这人不由得怒气冲冲，恨狼入骨，把余下的羊一口气都杀掉，心里想，这下看你还来不来偷我的羊吃了！把羊都杀了，一头也不留给狼来偷，这样子的“报复”，痛快是痛快，但吃亏的仍是自己，而不是狼。楚怀王犯的是和牧羊人一样的错误，被“狼”欺负了一回，就不计后果地要报复，结果是得不偿失，损失惨重。

# 郑袖工谗

话说楚怀王的夫人郑袖，不仅人长得漂亮，智商也非常之高，何以见得哩，有事为证啊。有一次，美人儿兼知性白领郑袖听说，楚大王有新欢啦，心里不免郁闷，就想将失去的东西夺回来，小脑筋这么一转悠，计从心来。

转天，她就来和新美人套近乎，聊到高兴处，就说，妹妹，你可要注意喽，大王特别讨厌别人鼻子里的气味熏着他，你在伺候大王的时候，一定要捂着鼻子呦。

这美人儿一听，哎呀，太感激啦，眼泪都快下来了，于是照做。第一次，楚大王觉得奇怪，没在意，由她去；第二次，楚大王觉得奇怪，就问，为什么呀，你这是？美人儿笑而不答。

第三次，还这样，楚大王就去问夫人郑袖，听说了吗？美人儿一见咱就捂住鼻子，这是为什么呀？郑袖皱着眉头说，妾听说，她嫌大王身上有狐臭，所以就……楚大王一听，大怒，不由分说，下令割掉美人的鼻子。打这以后，郑袖又得到了专宠，您看看，

庙堂真相

**屈原之死**

大诗人屈原是楚国的贵族，但很可能家境没落，他能当上大官，凭的是自己的努力和才华。楚怀王时，屈原担任左徒，主持内政外交事务，并兼中央贵族子弟学校校长。他多次劝楚怀王不要听信张仪的谎话，又要他远离小人，但都没有效果。公元前 278 年，屈原自沉于湖南汨罗江。

人家这智商。没想到，这个宫闱轶事，被社会活动家张仪打听到了，他当即决定，利用事件当事人之一的郑袖夫人，帮助自己渡过职业生涯的第一次危机。

张先生遇到什么职业危机了？原来，前不久，张先生和秦大王导演了一出空手套白狼的好戏，以商於六百里这个大金元宝，怂恿楚大王和齐大王绝交，楚大王贪心，照张仪说的做完了，末了，张仪却翻脸不认账了。

不用说，楚大王大怒，放出狠话：奶奶的，再抓到张仪这厮，一定生吃了他的肉。紧接着，楚大王快递给秦大王一封国际函件，内容简单明了，愿意用黔中六百里土地换张仪这厮。这一下，秦大王的左右可高兴了，都说，大王，太合算了！换吧换吧。

秦大王眼睛一瞪，喝道，少废话，有这样过河拆桥的吗？再说了，咱还指着张先生帮咱廓清宇内，一匡天下哩，你们有这能耐吗？成天尽想着算计人家，嫉妒了吧？秦大王护犊子，不动心，没想到，人家张仪却自动送上门来，笑眯眯地向秦大王请求，咱愿意去！

秦大王说，你疯啦？张仪笑眯眯地说，大王，您别着急呀，

### 庙堂真相

**战国一大傻：楚怀王**

楚怀王在位三十年里，几度犯傻，有“犯傻三步曲”：第一步，受张仪忽悠，跟齐国闹翻；第二步，费好大的成本才把张仪抓到手，听了女人几句枕边风，就把张仪白白放了；第三步，秦王诳他到边境城市武关谈谈，他这一去，就被秦国人关起来，最终身死异国。

咱这一去，既能为您挣六百里土地，又能缓和国际关系，何乐而不为哩？不过，您放心，咱自有脱身之计，于是这么这么给秦大王一释疑，秦大王一听，高明，放他去了。不用说，社会活动家张仪先生一到楚国，就被抓了起来，关进铁笼子里。楚大王那叫一个咬牙切齿呀，准备选定一个好日子，就要拿张仪先生开刀祭祖。

第二天，大夫靳尚愁眉苦脸来见老朋友郑袖，叹了一口气，说，咱只怕大王对夫人的宠爱不会长久啦，咱们的日子不好过喽。郑袖吓了一跳，说，这话怎么讲啊？

靳尚就说啦，咱听说，眼下，秦大王为了营救张先生，不仅愿意献出商於六百里土地，还挑选了秦国宗室一等一的美女，个个都能歌善舞，来献给大王，这些美人儿一到，大王还不乐死啊！到时候，夫人还能够得到大王的宠爱吗？

郑袖吃了一惊，说，您有什么妙计能阻止这件事情吗？靳尚说，这也不难啊，夫人只作假装不知道这件事，把得罪秦大王的利害对大王说清楚，让大王把张仪放回秦国，问题不就结了吗？说罢，献上一大盒子珍珠宝贝，说，这是张仪先生的心意，请笑纳。郑袖一看，眉开眼笑，直说，太不该啦，让张先生破费。

### 野史秘闻

**张仪空手套白狼**

张仪对楚怀王说：“我要到韩国去了。韩国女子像仙女下凡一样，您有什么要吩咐我的吗？”楚王给了张仪许多珍宝，让他去选美女。楚王的宠妃南后和郑袖听说后，也给了张仪五百斤黄金。张仪再去辞别楚王，南后和郑袖也在场，张仪故作惊讶地说：“我走遍天下，还没有见过像南后、郑袖这样的美人，竟然还说要为大王找美人，这不是在欺骗大王吗？”楚王很高兴，南后、郑袖也放心了。张仪白收了两边的财宝。

这天晚上，床头枕边，美人儿郑袖突然就呜呜地哭起来，楚大王很吃惊，就问，怎么回事啊，这是？美人儿郑袖就说啦，妾听说，秦大王为了营救张仪先生，已经派大将军魏章在汉中驻扎了，如果大王杀掉张仪先生，秦大王一准儿进攻咱们，结局肯定很惨啊，那时咱们夫妇能不能团聚，都是问题哩，妾为此心如刀绞，好几天吃不香、睡不着了。张仪先生是天下有名的智士，大王如果厚待他，再通过他牵线搭桥，和秦大王交好，对大王您是有百利而无一害呀，请大王三思。

楚大王一听，有理，让我再考虑考虑。第二天，大夫靳尚也说话啦，大王啊，杀死一个张仪，对秦国没有什么损害，大王您却白白丢掉几百里的土地，他一个张仪，不值这么多呀！请大王三思。

楚大王一听，有理，答应照办，于是放出张仪，好肉好酒，热情款待一番，客客气气送他去了。等大夫屈原给齐大王赔礼道歉回来，听说策人张仪囚而复脱，狠狠数落了楚大王一番。楚大王反悔了，派人去追，人家张仪先生早就回到秦国的府上吃晚饭了。

## 向历史借智慧

### 一句话打动人心

春秋战国时代，很多牛人都是靠嘴皮子混得高官厚禄，他们都是“一句话打动人心”的顶尖高手。从生活经验来看，一句话打动人心并不难，难的是你要琢磨出这句话“是什么”。所谓台上一分钟，台下十年功，对人性的揣摩、对说话对象心事的洞察，即“台下十年功”的部分，这才是成功的关键。

总之，要把话说到人的心坎里。

# 燕王哙让国

燕国相国子之，长得身长八尺，腰粗十围，肌肥肉重，面阔口方，别看他生得五大三粗，可机灵着呢，猛一出手，徒手就可以逮住飞禽，狂奔起来，那家伙，就像野马一样快。

这还不算，自打燕易王时起，子之就执掌朝政大权，所以说，绝对够得上文武双全这个称号。要知道，人一有本事，心理活动就难免复杂，燕王哙自打即位以后，沉湎酒色，散圈放羊，百事不管，子之看在眼里，不免就萌生了取而代之之心。

他的这个崇高目标，在燕国高层，大家伙儿是心知肚明。君子成人之美，许多人真就愿意帮忙，苏秦的两个弟弟苏代、苏厉，以及大夫鹿毛寿，就是其中几个。

燕王哙的一个儿子在齐国做特使，有一次，燕大王派苏代到齐国慰问他。苏代回来后，燕王就问他说，我听说，齐国的孟尝君是天下有名的贤人，齐王有这样的臣子，为什么没有称霸天下呢？

庙堂真相

张旄杀靳尚

楚王放张仪回秦，又担心张仪败坏自己的名声。靳尚对楚王说："请让我跟随他，如果张仪对您不利，我就杀掉他。"楚王宫中有人跟靳尚有仇，对魏国张旄说："您不如派人刺杀靳尚，楚王一定迁怒张仪。如果秦楚两国因此打起来，魏国得利，您也沾光。"张旄便派人劫杀了靳尚，楚王大怒，秦、楚两国打起来，争着向魏国示好，张旄因此得到重用。——真是一箭三雕啊！楚人报了仇，张旄得了权，魏国坐收渔利。

苏代说，这个非常简单啊。您看看，齐大王虽然知道孟尝君的贤能，但却不肯将权力交给他，他怎么能够称霸天下呢？

燕王听了，叹息一声说，唉，眼下，我只是得不到像孟尝君这样贤能的大臣啊，如果有，我会毫不犹豫地把大权交给他的。

苏代一听大笑，说，咱燕国也有孟尝君啊。燕王吃了一惊，说，在哪里？我怎么不知道啊？苏代说，远在天边近在眼前。燕王说，哎呀，别绕弯子了，谁呀？

于是，苏代就笑眯眯地把相国子之的文武能耐在燕王面前这么细细地一摆，燕王恍然大悟，第二天，就把国家大事都委托给子之裁决，自己则一门心思地思考一些永恒的哲学命题去了。

不久后的一天，燕王忽然问大夫鹿毛寿：你说，古代的帝王虽多，为什么后人仅仅称颂帝尧和帝舜呢？鹿毛寿一听，乐了，就回答说：这太简单啦。因为禅让这种事，只有帝尧和帝舜能够做到嘛。燕王又问，那么，禅让这个事，为什么到帝禹这里，就玩儿不转了呢？

鹿毛寿笑眯眯地说，您是不知道啊，起先，帝禹也曾经想把天下让给臣益，但是，他又立一个太子在一边，看着这个位子。

### 庙堂真相

**冤家宜解不宜结**

如果自身力量不够强大，那么，吞下去的，迟早要吐出来。公元前 314 年，齐国攻打燕国，抢去了大片土地和财宝；三十年后，前 284 年，燕国军队为报此仇，大举进攻齐国，差点把齐国灭掉。

臣益也是脸皮薄的人嘛，怎么好意思和太子去争呢，结果，禅让这个事，到帝禹这里，就玩儿不转了。

燕王一听，又是恍然大悟，沉思良久，最后说，我把王位禅让给子之，您看这件事可行吗？鹿毛寿一听，顿时感觉到天旋地转，好久才回过神来，笑眯眯地说，大王如果能够这样做，与帝尧和帝舜还有什么分别呢？

好，咱知道怎么做了。第二天，燕王便召集群臣，宣布废掉太子平，要把王位禅让给子之。大将军市被一听，心说，这家伙考虑哲学问题把脑子弄坏了吧？于是坚决反对。

子之一听，吓得不行，别别别，开这种玩笑会要人命的。于是他几番推辞，但是，除了不识相的大将军市被外，实在是众望所归呀，于是不得已接下了燕国这个污浊的乱摊子。

转天，子之穿起衮服，戴上王冕，捧着白圭，祭告天地罢了，就正式面南而坐，接受燕王哙的朝拜。转头，燕大王移居别宫，继续思索哲学问题去了，苏代、鹿毛寿都被封为上卿。

大将军市被一看，鼻子都气歪了，一声吆喝，率领自己的部下，就来诛杀逆贼子之。燕国的小百姓吃过子之的不少苦头，一拥而上，

典故制度

**匡章不辱死父**

齐国和秦国作战前夕，匡章派齐国士兵混进秦军，探子回报齐威王，说匡章让齐军加入秦军．不久又有探子回报，说匡章让齐军投降秦军。反复多次，齐王都置之不理。大臣们不解，齐王说：“匡章的母亲葬在马棚，我曾让他为母亲改葬，匡章不同意，说母亲是因为得罪父亲而死，父亲生前没允许改葬母亲，如今虽然父亲已死，但作为人子，不能背弃亡父的在天之灵。这样的人，怎么会背弃活着的君王呢？”果然，齐军大捷。

愿意帮忙。猛人子之也不含糊，呼啦一声，率兵迎战，双方大打出手，十多天后，事见分晓：死伤数万人，逆臣市被被杀。

喘口气，鹿毛寿语重心长地对子之说，可不可以这么认为，这场暴乱，全是因为太子平还在的原因啊？子之一听，可不是吗？便差人捉拿太子平。

这边太傅郭隗和太子平，一看大事不好，赶忙换上便服，逃到无终山避难去了。太子平的异母弟弟公子职也溜到韩国，寻求政治避难去了。

齐王听说燕国出了大乱子，乐得不行，赶忙命令大将匡章带大军十万，从渤海突入，进攻燕国。燕国小百姓一看，救星来了，都眉开眼笑，箪食壶浆，迎接齐国军队。匡章出兵五十天，一路上畅行无阻，直达燕国都城，小百姓打开城门，迎接义军。

子之的帮手见齐军长驱直入，都心惊胆战，眨眼间都溜得不见踪影。子之非常不忿，与鹿毛寿带兵在大路上截住齐军，双方大打出手。无奈子之兵少将寡，抵敌不住，鹿毛寿战死，子之身负重伤后，又杀死一百多人，最后力竭被擒。

燕王哙一看，自己的高尚行为，惹来了这么大乱子，于是对

---

## 典故制度

**孟母断织**

孟子被后世誉为“亚圣”。孟子之所以能够有很高的成就，与他母亲的教育有很大关系。“孟母三迁”“孟母断织”就是孟母教育的典型故事。有一次，孟子由于贪玩而没有上学，孟母知道后，非常生气，当即拿起剪刀，剪断正在织布的织线，并语重心长地对儿子说：“人的学业，就像我这织线，一旦剪断，这匹布就成了废品。一个人要专心读书，如果中道荒废，将来会一事无成。”

哲学命题产生了深深的怀疑，一时间万念俱灰，在别宫中上吊自杀了事。

紧接着，匡章捣毁了燕国宗庙，把府库中的金银宝贝全都装上车，派人押着子之，回到齐国献功。燕国三千多里土地，也大半纳入齐国的囊中。齐军将领匡章，仍旧驻扎在燕国都城，以便有效地管理自己国家的飞地（指隶属于某一行政区管辖但不与本区毗连的土地）。燕王哙的这次哲学实践，在战国史上是一件大事，试验失败，燕国从此步入末路黄昏。

## 向历史借智慧

**董事长不能随便换**

这个故事，用很有学问的话讲出来，就是"国家名器不可假手于人"。好比一个公司里，选领导选一般干部，提拔谁不提拔谁，都得有道理可讲、有规矩可循，非常时期可以破格提拔，太平年代必须要循资按辈，要是随性子瞎搞一通，公司就会出大乱子。在所有职位中，董事长（王位）一职历来是可上不可下的，每换一任董事长，整个公司从上到下都得伤筋动骨一遍，严重的就像燕国，几乎国家不保。

# 燕昭王筑黄金台

大家看到了，燕王哙实践“禅让”这个哲学命题的结果是，禅让者搭上了老命，受让者被剁成了肉泥，帮腔的落荒而逃，跟着起哄的，看热闹的，据保守估计，至少有十多万人丢了性命，外敌乘虚而入，三分之一的土地改名换姓了。

别的是非姑且不论，这最后一条事实，让幸存下来的燕国小老百姓们义愤填膺，要知道，当年咱们可是把齐国大兵当作义军，箪食壶浆，欢迎到咱家来的。可万万没想到的是，闯入者转眼之间就成了趁火打劫者，就成了大大咧咧的占领者，这可太令咱们这些燕国小老百姓失望了。

人民一生气，后果很严重。转天，他们派个代表到无终山里找到太子平，客客气气地抬出山，推举他为王，继承燕国的香火，替他们报仇，这个王就是燕昭王，太子的老师郭隗也做了相国。

转天，郭隗派人在全国各地散发一通传单，传单的大意是说，眼下，咱们的国家已经正式成立了新一代的领导核心。以前，那

庙堂真相

从稷下学宫到黄金台

稷下学宫是齐国的国际性人才中心，是为了招揽人才、培育人才而设的一个专家园，萃聚了孟子、荀子等大量学术精英。在这里，学者们待遇丰厚、地位崇高，兼有政府智囊团的性质，齐国因此得以强盛数百年。而在燕国，黄金台成为招贤纳士的代名词。但相比之下，稷下学宫是常设机构，黄金台是临时突击。培养人才，自然是常设机构效果更好。

些个见风使舵归附了敌人的大官、小官，以及小老百姓们，只要重新选择回到祖国的怀抱，既往不咎；负隅顽抗的，逮着了死罪不饶。

号令一出，势如山倒，大家伙儿纷纷改邪归正，重新竖起“燕”字号的大旗。匡章一看，大厦将倾独木难支啊，得，不玩儿了，便领着自己的人马打道回府了。

燕昭王回到都城后，一边修理宗庙，一边深入民间，济贫问疾，救死扶伤。下班之后，他也吃不香，睡不着，日夜思量着找齐大王报仇雪恨，于是就找来郭隗商议，说，您看，这个事该怎么办哪？

郭隗叹了一口气说：人才，人才，人才——是第一生产力呀。燕大王说，那么，怎样才能第一时间找到大把大把的人才哩？

郭隗说，这该怎么说呢，我给您讲个故事吧：从前有一个国王，给了手下人一千两金子，让他去寻找一匹千里马回来。没几天，这手下就用麻袋背了一堆马骨头回来，声称是一匹千里马的骨头，而且花了五百两金子，还剩五百两金子，来，还给您。

不用说，这可把国王给气坏了，国王破口大骂，就要找手下问罪。手下说，且慢，待我把道理摆清楚以后，再死也不迟。于

野史秘闻

**慧眼识婿**

齐国内乱，齐湣王的儿子法章，改名换姓，当了太史敫的仆人。太史敫的女儿看见法章气度不凡，认为他不是一般的人。于是，不但经常偷偷给法章送衣服食物，还把自己的身体也献给了他。后来，叛臣被杀。法章说出自己的身份，于是，被大家拥护为齐王。太史敫的女儿成为王后（即历史上独一无二的“君王后”）。不过，太史敫认为女儿是“不告而嫁”，于礼法不合，丢了他的面子，所以一直不肯承认这门亲事。

是他语重心长地说：大王啊，您也不想想，买了这匹死马，就不愁买不到活马。天下人知道您愿意用五百两金子买一副马骨头回来，还不嗖嗖地把千里马往您马厩里牵啊？

国王一听有理，于是答应留下这手下的脑袋，以观后效。哟，没想到，没过几天，天下人闻风而动，纷纷前来献马，不到半年，国王就选到了三四千里马。

故事讲完了，燕大王忽闪着大眼睛，不明白。郭隗又叹了一口气说：我是想说啊，大王若能像侍奉老师这样礼贤下士，何愁招不来比老师强一百倍的能人呢！大王若整日只想着发几张传单，声称思贤若渴，就只能招来差役奴仆之类的人物啊。眼下，如果大王能将小臣当作马骨一样奉养，何愁引不来比小臣贤德一百倍的能人呢？

到这里，燕大王恍然大悟，觉得有理，于是答应照办。转天，他就为老师郭隗盖了一座别墅，每次见面时，以学生的礼节，面向北方，听从老师的教诲。有事没事，都跑过来亲自服侍老师的饮食起居，态度恭敬得，那叫一个异常。

紧接着，他又命人在易水边上筑起一座高台，上面堆满了黄

野史秘闻

**君王后妙解玉连环**

秦昭王派使臣给齐国君王后送来一副玉连环，并说："听说齐国人都很聪明，不知道能解开这个玉连环吗？"君王后把玉连环拿给群臣看，群臣琢磨许多，都觉得太难了，没有办法解开。最后，君王后手起锤落，一锤子把玉连环敲破，然后告诉秦王使者已经解开了。——这个故事跟唐朝武则天驯马相似，当问题用复杂的办法解决不了时，不妨改用最直接最简单的办法。

金，起名叫招贤台，又称黄金台，并放出话来，嘿嘿，这些都是为天下能人准备的哩。不用说，这个消息像长了腿似的，一眨眼，传遍了国际社会。

没多久，能人剧辛就从赵国前来报到，能人苏代也从老家洛阳前来报到，能人邹衍从齐国前来报到，能人屈景从卫国前来报到。燕大王一见大喜，好好好，都拜为上卿。

尤其是邹衍从敌国——齐国叛逃来的时候，燕大王用衣袖裹着扫把，一边退一边扫地，表示欢迎，其他能人都感动得热泪盈眶。

好了，有了这个能人集体后，燕大王没日没夜地与他们一同商量国家大事。没过多久，濒死的燕国就作死灰复燃状，三十年后，在能人乐毅的带领下，燕国军队一举攻破齐国都城临淄，为燕大王的祖宗报了仇。

## 向历史借智慧

**尊重人才从尊重普通人开始**

尊重人才，不是口头上说说便行，得看实际行动。如果不能真正地尊重人才，那么树再高的旗帜、建再贵的黄金台，也是不会有人才来应征的，即使来了也很快会离开。而看一个国君渴求人才的心是不是真诚，只要看他是不是尊重治下的百姓、尊重每一个普通人，就可以知道。正如郭隗指出的，要求得大人才，需要先尊重小人才，包括士、农、工、商这些普通劳动者，这叫千金买骨、抛砖引玉。

# 秦武王自戕

秦惠文王的儿子秦武王，生得人高马大，特别喜欢和大力士们玩儿摔跤。秦国的猛人乌获和任鄙，自秦武王爸爸的时候就是秦国的猛将，眼下，又能够陪秦大王解闷，因此，非常受秦大王的待见，君臣三人的关系，那真是亦君亦臣亦哥们儿。

再说，齐国有个猛人名叫孟贲，这人在水里不怕蛟龙，在陆上不避虎豹，怒吼一声，声震云天，总之，从小到大，没遇到过对手。大家伙儿害怕他的勇力，有事没事，也没有人敢撩拨他。

猛人孟贲听说秦大王正在招揽天下的勇士，便渡黄河西上，一路上横冲直撞，来到咸阳，拜见秦大王。两个人一交手，秦大王知道这是个货真价实的猛人，便拜他为大官。

回头再说秦大王这人，不仅外形十分生猛，内心也非常豪迈，他经常和大臣们说：咱生长在西戎蛮地，没能目睹中原的繁盛，如果哪一天咱能打通三川，到洛阳等大地方逛一逛，咱就死而无憾了。

庙堂真相

吴起和养由基

楚国有个神射手叫养由基，射击比赛从来没输过，人称“养一箭”，就是说他只需要射出一箭就能决胜负，但后人评论他“不济鄢陵之师”，在鄢陵之战中，楚国被晋国打败，从此丧失霸权。吴起是打仗能手，他在鲁国当将军的时候，战前，别人送他一把据说是特别锋利的宝剑，吴起不要，说我是指挥打仗的，又不是剑客，要这么好的剑干什么。对待特长，要学习吴起的态度。

不用说，他是这么想的，也是这么做的。转天，秦国一帮子猛人就一举拿下了三川路上的绊脚石——韩国宜阳。韩王害怕了，便派相国公仲侈，带着宝器找秦大王求和。秦大王非常高兴，当即答应下来。唯一遗憾的是，猛人兼哥们儿乌获在这次战役中光荣殉职。

紧接着，秦大王命令大将军甘茂班师回国，留下向寿在宜阳驻守，又派右丞相樗里疾先去三川开路，他自己则带着任鄙、孟贲一班猛人向大城市——洛阳开拔。

洛阳城主人周赧王一听，大惊，赶忙派使者到郊外，以宾主之礼迎接秦大王，把秦大王乐得眉开眼笑。安顿下来后，秦大王听说楚庄王惦记过的九鼎就在离住处不远太庙旁的一间屋子中，顿时来了兴致，要去观摩观摩。

一彪人马开到这间屋子，只见九座宝鼎一字排列，鼎腹上分别刻有“荆、梁、雍、豫、徐、扬、青、兖、冀”九个字。秦大王挨个儿看了一遍，赞不绝口，这哪里是做饭用的锅碗瓢盆啊，分明是九座小山啊，也不知有多少斤重。

秦大王指着“雍”字号的鼎，赞叹道：这应该是咱们国家的

典故制度

**邹衍下狱，六月飞霜**

邹衍是战国时期齐国人，阴阳家的代表人物。邹衍曾在燕国燕昭王手下工作，很得昭王的信任，昭王把他当成老师一样对待。但是昭王去世后，儿子惠王听信谗言，认为邹衍有异心，于是把他关进监狱审讯。邹衍怎么为自己辩解都没有用，于是仰天大哭，正是六月时节，好好的大晴天忽然下起霜来。这就是“六月飞霜”，人们认为是老天爷感觉到了邹衍的冤屈，所以降下异常天气来警示燕惠王。

镇国之宝啊，我得把它带回咸阳去。就问守鼎的老保安说，嗨，这个鼎有多重啊？你知道吗？有人举过吗？

老保安当即磕头回答说：小人听说，这座鼎足足有三万多斤，自从铸成以来，没有人能搬动它！秦大王便撇撇嘴，问任鄙、孟贲两位猛人说：二位大力士，怎么样，敢试一试吗？

任鄙心想，咱大王一向好胜，咱赢了他也不见得是什么好事，就推辞说：咱力气小，最多只能举三千斤，三万多斤，咱肯定没戏呀。

孟贲是个直肠子，没那么多忌讳，便捋起袖子说，我来试一试，如果举不起来，请大王不要怪罪！秦大王一看，顿时眉开眼笑，便命左右的人取来青丝作绳子，拴在鼎耳上。

孟贲勒紧腰带，挽起两只袖子，把两只铁棒一样的臂膀，套入丝扣之中，恶狠狠地大叫一声：起！就见鼎离开地面约有半尺高，一转眼又落在地上。因为用力过猛，孟贲眼珠给挤出半拉，眼角也渗出血来。

秦大王笑着说，你太费劲了，下次注意，看我的。任鄙赶忙劝道：大王，您身体高贵，逞勇斗狠不是你的主业，我看，您就

野史秘闻

**说的还是秦语**

陈轸和张仪同在秦惠王手下，陈轸没争过张仪，便去了楚国。楚国也不重视他，派他出使秦国。秦王问："你去了楚国，有没有思念寡人？"陈轸说："越人庄舄在楚国当了大官，楚王想知道他是不是还想着越国，派人去打听。刚好庄舄生病了，思乡之情流露，不知不觉就说起越国话。而我呢，虽然离开秦国去了楚国，可我说的还是秦国话啊！"秦王一听，谅解了陈轸，仍然把他当成朋友。

不要举了吧？

秦大王撇撇嘴说，那有什么，不就玩玩呗。不听，当即解去锦袍玉带，勒紧腰带，又用大带子把袖子缚好。任鄙又拉着大王的袖子，还要废话，秦大王虎起脸说：你自己举不动，就嫉妒咱，是不？任鄙便不敢再劝他了。

于是，秦大王大步迈过去，也把双臂套入丝扣中，心想，孟贲这小样居然也能挪动它，咱偏要搂起来走几步，给他瞧瞧。秦大王便屏住一口气，用尽平生力气，大喝一声："起！"那只鼎搂在秦大王怀里，离地半尺多高，大家伙儿也屏住呼吸，不敢叫好。

秦大王刚要转身，但力气用尽，巨鼎也不含糊，翻身就掉了下来，正好砸在秦大王的右脚上，只听咔嚓一声，肯定是把小腿骨给压断了。

就听秦大王大叫一声："痛杀我也！"当即昏死过去。左右的人赶忙将他抬回宾馆，搁在床上，那血是一个劲地流，怎么也止不住啊。就这样，秦大王捱不到半夜，就一命呜呼了。

周赧王听说后，大吃一惊，急忙准备上好的棺材，亲自去现场为秦大王殓丧。大家伙儿号哭一番，完事后，一彪人马拉着秦

典故制度

**与知之者谋之，而与不知者败之**

神医扁鹊见秦武王，了解过病情后，扁鹊准备为他安排手术。可是国君的近臣说："君王的病在耳朵的前面，眼睛的下面，手术成功了，未必能痊愈；如果不成功，反而会使耳朵听不清，眼睛看不明。"武王告知扁鹊，扁鹊很生气，说："君王要与懂的人商量谋划，与不懂的人商量只会把事情弄糟。"——病了就应该问医生，和专业人士商量，才能得到正确的指导！

大王的灵柩回去了。秦大王没有儿子，于是大家伙儿就推举他异母的弟弟稷即位，这就是昭襄王。

秦大王曾经说，如果咱能够到大城市洛阳转转，虽死也无憾了，这一回他果然死在洛阳，应该可以聊以自慰了吧。他自寻短见倒没有什么，只是不该给战国历史又添了一个更加嗜血的猛人——秦昭襄王。

## 向历史借智慧

### 当特长生是一门学问

一个人无论做什么职业，有一定的特长，不管是文艺特长还是体育特长，自然都是一件好事，但特长的价值，也要看具体怎么用。当将军的，如果自己是神枪手，当然比不是神枪手好，但一定不要忘了，将军的本职是指挥好军队；当一个国家领导人，是个大力士、摔跤高手，当然比弱不禁风好，但考核国家领导人称不称职，还是要看治国成绩。秦武王就是过多地热衷于特长，因而被后人所笑。

# 学习笔记

# 学习笔记

# 第三章　各显神通

生活的舞台上，谁都可以做三分钟的主角，但能不能笑到最后，还要看各人修行……

赵国终于站起来了。公元前307年，在赵国发生了“胡服骑射”改革，赵国瞬间成为庞然大物。当时的巨兽秦国都要退避三舍。战国中期，所有惊心动魄的故事几乎都发生在赵国。

燕国也站了起来。公元前284年，燕国经过近三十年的埋头苦干，对齐国展开复仇之战，齐国遭到灭顶之灾，只剩下莒成和即墨二城。前279年，即墨城的司令田单用“火牛阵”大败燕军，收复失地。齐国虽复国，但元气大伤，和进入战国时期就已经退出历史中心舞台的楚国一样，只能坐等灭亡从天而降。

# 胡服骑射

话说奇人赵武灵王的形象异常生猛，长得是身高八尺八寸，胸宽三尺，又生就一副马脸，嘴尖如鸟喙，连鬓络腮胡子又浓又密，黑黑的脸庞泛着亮光。此外，老天在生就他这副尊容的同时，也赋予了他与之匹配的理想：救亡图存之意，称王图霸之心。

一天，赵大王对高参楼缓说，您看噢，咱们赵国东面有齐国、中山国，北边有燕国、林胡，西边有秦国、韩国和楼烦野蛮部落。这些个，谁都不是省油的灯啊。咱们老这样四平八稳的，做一天和尚撞一天钟，迟早是他们谁的下酒菜。咱就想啊，咱们穿的这长袍大褂宽袖口，干活打仗都不太方便。咱们的死对头胡胡就不一样了，短衣窄袖皮靴子，行动方便灵活，骑马杀人得劲儿。您看噢，咱是不是也仿照胡胡的风俗，把服装改一改，改过之后哩，咱们战车也不要了，什么大刀长矛也不要了，也学他骑马射箭，就这样咱们再遇到胡胡的时候，就不会吃他的亏了，您看这主意怎么样？

## 庙堂真相

**大家都是王**

以前，“王”是周天子专用的，楚、吴、越等国国君称王时，就被中原人士看不顺眼，一个个恨得牙痒痒的。从公元前 334 年，齐、魏两国国君称王开始，其他各国国君迅速接过这信号，先后称王：前 325 年，秦国国君称王；前 323 年，是韩、燕；前 318，宋国国君也称王；前 315 年，赵国国君也宣布称王，这就是一代雄主赵武灵王。

楼缓一听，是这么回事，强烈支持。赵大王又问高级顾问肥义，肥义也说，是这么回事，强烈支持，还补充说，这不是普通的服装发布会呀，这是关系到国家安危的重大改革呀。要办大事，咱不能犹豫，犹豫不决，就办不成大事。

赵大王一听，是这么回事，于是这事就定下来了，剩下的就是将这个重大改革进行宣讲，然后作为基本国策，写进宪法里去。

第二天一大早，赵大王不知道打哪里寻摸来一套胡胡的服装穿上了，也许是打俘虏的胡胡身上剥下来的吧，就耀武扬威地坐在宝座上，等着向大臣们现身说法。

等大臣们到齐了，都吓一跳，心说，哪里来个短衣窄袖皮靴子的胡胡大王，坐上了咱大王的宝座？仔细一看，是咱们赵大王，个个都面面相觑，不知道赵大王葫芦里卖的什么药。

这时候，就见赵大王一脸严肃，废话没有，开门见山，把国家重大的改革方案说了一遍：看见没，咱已经给大家伙儿作模范带头人了，就这模样，你们可别掉队呀。他一边宣讲，还一边比手划拳，直说得劲。

大家伙儿一听全傻眼了，现场顿时炸了锅，这个说，不好看、

## 庙堂真相

**危机中崛起的赵武灵王**

赵武灵王十五岁即位，秦、魏、楚、齐、燕五国虎视眈眈，准备在赵国先王葬礼之后发难。赵武灵王强硬对敌，命令全境戒严，要求来参加葬礼的五国军队不得进入赵国边境，只许五国使者携带各国国君的吊唁之物入境，又联合韩国和宋国，贿赂越国跟楚国捣乱，贿赂楼烦去攻打燕国，终于使得五国联军不敢动手。后人对赵武灵王评价很高，现代学者梁启超甚至称赵武灵王是黄帝之后的第一伟人。

寒碜，那个说，打娘胎里出来，就穿这长袍大褂宽袖口，打死也学不会短衣窄袖皮靴子。这个说，老祖宗的传统变不得，变了恐怕有灾祸，那个说，咱们礼仪之邦学胡胡，这个人我丢不起。

赵大王呸了一口，说，咱是真想把你们全家老小都送给外敌喂狗去呀。不是咱吓唬你，依你们这一副穷德行，做一天和尚撞一天钟的，被外敌掳去喂狗，是迟早的事。

大家伙儿还准备扯扯皮，赵大王一声断喝，少废话，照办，我宣布，明儿个一大早，谁不穿短衣窄袖皮靴子上朝的，有他好看。

话没说完哩，赵大王的老叔公子成不干了，脸色铁青，说，您这明摆着是来羞辱咱们祖宗的吧！一句话说完，拂袖而去。

赵大王一看，大怒，喝令武士将老叔公子成请到原地站好了，操起手里的弓箭，照着堂外的门楼子就是一箭，喝道，有谁胆敢再非暴力不合作的话，我的箭就穿过他的肋巴骨。

公子成等人见状，顿时吓得面如死灰，从此再也不敢妄发议论了。

第三天，赵大王下令，效法胡胡的风俗，穿衣戴帽，敢有不从的，大刑伺候。紧接着，赵大王又号令，勇士们，有种的跟咱学习骑

典故制度

**楚幕有乌**

楚国攻打郑国，郑国得到其他诸侯国家的援救，迫使楚军连夜撤退。为了防止郑军及诸侯国援军跟踪来袭，楚军撤走时，故意留下了空空的营地作为掩护。郑国军队本来也准备逃跑的，但是发现有乌鸦落在楚军营地，由此推断出楚军已人去营空（乌鸦怕人），才停止了奔逃。这就是“楚幕有乌”的典故，用来比喻敌军败退或军事力量空虚。

马射箭吧。不用说，大家伙一个个直喊万岁。

就这样，不到一年，赵大王就训练了一支强大的骑兵部队。第二年春天，赵大王亲自率领骑兵部队，小试牛刀，三下五除二，打败了长袍大褂宽袖口的中山国，紧接着，又降服了林胡和西北方的几个野蛮部族，赵大王从此令人刮目相看。打这以后，小小的赵国，一跃而成为唯一能够同秦国相抗衡的强国了。可以说，胡服骑射功不可没。

## 向历史借智慧

**衣服有关国力**

孔子曾经夸管仲，说如果没有管仲，我们大家就得变成披头散发和衣襟左扣的夷狄了！这是最早关于衣服和身份问题的论述，到后来，衣服问题越来越重要。赵武灵王就认为，衣服关系到国家军队的战斗力，所以强制推行“胡服骑射”；更多的时候则是衣服关系到社会的稳定，比如规定不同级别的官员衣服的颜色不同，规定不同的阶层衣服必须用不同的材料。

# 国君当间谍

赵武灵王大刀阔斧，推行“胡服骑射”的基本国策，十年工夫不到，赵国一跃成为中原的军事强国。这期间，赵大王亲自带队，向东打到常山，向西打到云中，向北打到雁门，拓地近千里。接二连三的利好消息，赵大王不由得血脉偾张，继而诱发了更大的崇高目标：取路云中，自九原向南，直捣咸阳，灭绝暴秦！

那么，由谁来牵头完成这个史无前例的艰巨任务呢？当然是赵大王自己。因为，他对自己的士兵产生了感情，不放心把军事大权交给手下人。于是，他决定将国事提前交给自己的儿子管理，自己腾出工夫，一门心思地去攻城略地。

转天，赵大王把大家伙儿召集到东宫，正式宣布：把王位传给太子何，这就是赵惠王，而赵大王自称主父，通俗地说，就是太上皇。

这事办妥以后，灭绝暴秦的宏伟计划就提上了赵大王的议事日程。要说赵大王，也是个略懂兵法的人，非常知道知己知彼的

## 庙堂真相

**战国没有胆小之君**

和后世历史上的很多皇帝大大不同，春秋战国时期，国君们虽然能力有高低，但很少有胆小怕死的，对此，我们只能解释为：后世的皇帝，除了第一第二代，基本都是成长于深宫宦官妇人之手，像温室里的花朵，娇嫩经不起风雨；春秋战国的国君，则时不时地要面对血与战争，生存环境容不得他们娇嫩。可见，社会环境对于塑造一个人性格的重要呀！

重要性。眼下，战略目标有了，就需要了解对手的脾气、人格，以及敌国的山川、形势。但是，这两个国家一个在东，一个在西，远隔千里，中间又隔几个国家，风马牛不相及，老死不相往来，这该怎么办哩？

赵大王苦思冥想了很久，眉头一皱计上心来。转天，他换了一身使臣的打扮，自称赵国使者赵招，带着国书，说是要出使秦国，通知秦大王赵国新立国君的事情，暗地里却带着几名画工，一路上画好了未来征途上的山川地理。

赵大王一行到了咸阳后，客客气气地来谒见秦大王（秦昭襄王）。秦大王看了使者的国书，非常纳闷呀，就问：你们武灵王多大年纪了？赵大王回答说：正当壮年。秦大王又问：既在壮年，为什么要把王位传给儿子哩？

赵大王回答说：大王，您是不知道啊，咱们赵国的国君可是一个热心肠的人哩，他想早点儿让他的儿子接受锻炼，以免在他百年以后，新君不懂国政误了大事。但是，您放心，眼下，咱们的国家大事还是由老大王裁决。

秦大王又问：那你们的两位国君对咱们秦国的印象如何呀？

## 典故制度

**画蛇添足**

楚国大将昭阳攻打魏国，又要攻打齐国。齐国人陈轸来见，说："楚国贵族赐一壶酒，门客们商量，各画一条蛇，先画完的就得到酒。有人先画完了，看别人还在画，就自作聪明地给蛇添上脚。这时也有人画完了，夺过酒，说，'蛇本无脚，你怎能给它硬添上脚呢？'将军您破魏军、杀魏将，夺魏八城，论战功已赏无可赏。如果不懂得适可而止，只会招致杀身之祸，正如画蛇添足一样！"昭阳认为他说的有道理，于是撤兵回国。

赵大王回答说：哎呀，咱们的大王对您秦大王可是非常敬畏呀。这十多年来，虽然咱们搞了胡服骑射，但是，那只是用来对付胡胡的嘛，哪敢对您秦大王有丝毫的非分之想啊。所以啊，小臣出这趟差之前，我们大王特别叮嘱咱，希望和大王结为友邦哩。

秦大王一听，顿时眉开眼笑，见使者应对如流，也非常敬重他，在融洽的气氛中，主客又聊了好久，末了，使者才告辞回宾馆休息。

再说秦大王睡到半夜醒来，忽然想到，这个赵大使有点儿不太对劲儿。这么个相貌堂堂、身材魁伟的人物，见到咱也不发憷，也不口吃，那是非常可疑啊，于是辗转反侧，难以入睡。

天亮以后，秦大王便传旨，宣赵国使者入宫叙话，就听使者的随从回复，哎呀，太不巧了，赵大使得了传染病，出疹子，不能入朝听宣，请缓几天，等他好了行不？

过了三天，秦大王又传旨，宣赵国使者入见，使者的随从还是这般回复，这可把秦大王给气坏了，心说，小样，你当是在你自己家里，想吃就吃，想睡就睡，一点儿规矩没有？当即派人去催。

来人径直闯进馆舍，哪里有赵大使半个人影儿？找了一圈，只抓获一个随从，自称是真赵招，便押来见秦大王。

## 典故制度

### 行百里者半九十

这个典故跟秦武王有关，告诉人们无论做什么事情，不到最后完成，绝不可以松懈，否则就会功亏一篑、前功尽弃。秦武王骄傲，不礼诸侯，有人劝他："臣私下十分疑惑大王何故轻视齐、楚，而且待韩国就像对待奴仆，极不礼貌。臣听过这样的话，胜而不骄是王者作为，败而不忿是霸主胸襟。胜而不骄，故能服众；败而不忿，才能与周围和睦共处。臣又听说，行百里者半九十，越是接近终点时，越艰难，也越需要谨慎。"

秦大王就问：你既然是真赵招，那个使者是什么人？赵招嬉皮笑脸地回答说：实不相瞒，他就是咱们的太上皇。咱太上皇可仰慕大王的威名了，就想一睹大王的威容，所以诈称使者前来谒见。眼下，已经离开咸阳三天了，特命小的我留下来，向大王请罪。

秦大王听了，大吃一惊，跺着脚说：小样，这小子欺人太甚！随即命泾阳君和白起，领精兵三千，星夜追赶赵大王。一彪人马赶到函谷关，守关的将士说：赵国使者在三天前就已经出关去了。

泾阳君没办法，只好回去向秦大王交差。秦大王一听，心惊胆战了好几天，心说，这厮好大的胆子啊，这种史无前例的事情也做得出来，咱就没这个胆子，佩服，佩服。

转天，秦大王便好言安慰了赵招一番，客客气气地将他送回赵国去了。

## 向历史借智慧

**要胆量但不要莽撞**

古时有训：君子不居危檐之下。就是说要小心屋瓦砸下来，砸破了脑袋。明智的国家领导人，也不会让自己处于危险之境。但赵武灵王突发浪漫奇想，乔装打扮，亲自跑到国外去搜集情报，这件事真是让人大跌眼镜。当然，赵武灵王胆量是够了，但看他做事并不莽撞，在秦国人发觉之前，先自撤退了。可以说，就是这点不莽撞，救了他一命。

# 沙丘之变

公元前 309 年，噩运缓缓地走向赵武灵王。他对大臣说，梦见一位漂亮女子频频向他回眸，而且还笑。一个叫吴广的大臣听完国君对美女的描述后，心花怒放，因为这个女子就是他女儿吴孟姚。当吴孟姚一出现，赵武灵王就跳了起来，对天盟誓，这就是那个梦中美女。为了表示自己狂热的爱，赵武灵王称吴女士为吴娃（当时在黄河流域一带，小民口中之“娃”，即“小孩子”之意，亲热之词）。吴女士第二年就给赵武灵王生下一子，取名赵何。

爱火熊熊燃烧，不久，赵武灵王的原配——韩王国皇族的女儿死掉，他顺势封吴娃为后，又把自己的第一个儿子，也就是赵国太子赵章废黜，立赵何为继承人。

公元前 299 年，噩运来敲赵武灵王的门，赵武灵王去开门：他宣布传王位于赵何，把一顶称为“主父”的帽子扣在自己脑袋上，意为太上皇。

名臣风骨

**生子当如平原君**

赵武灵王一代豪杰，儿子中最有名的当属平原君赵胜。平原君门客数千，有一个他杀妾求士的故事：他有一个小妾，有一次嘲笑了一个瘸子，觉得他走路太难看。瘸子找上门来，说平原君你以好士著称，怎么能让你的妾这样嘲笑我呢？你得杀了她。平原君嘴上答应着，但并不以为然。门客们认为平原君重色轻士，所以纷纷离他而去。平原君这下急了，赶紧杀了妾，请大家再回来。

有大臣提醒他，天上不能有两个太阳，一国内不能有两个王。况且，赵武灵王当时年富力强，没有必要把王位传给一个孩子。赵武灵王用他魁梧的身体告诉下属，自己还有很多事要做，国家政治这点小事不值得他做。

三年后，吴女士去世，赵武灵王哭得心碎。公元前 295 年，他又良心发现，把赵章从尘土堆里揪出来，封到代地，称安阳君，并派了一名一脸忠贞的齐国失势贵族田不礼当赵章的秘书。

赵章有一次回来述职，赵武灵王躲在帘幕后面偷偷观看，当他看到小儿子颐指气使、大儿子卑躬屈膝时，恻隐之心大起，泪如泉涌。他觉得太对不起大儿子了！

他在房间里呜咽很久，把另一个儿子赵胜和相国肥义叫到床前，他说，要把赵国像分蛋糕一样一分为二，让赵章与赵何同称王。肥义那肥胖的身子险些跌倒，一口认定这是昏聩之举；赵胜和肥义一个鼻孔出气。这是赵武灵王平生碰到最郁闷的事。

赵武灵王决定把生米煮成熟饭。这年，他带着国君赵何和安阳君赵章到沙丘游览。他是想通过这次游玩的机会实现他“一国两王”的计划。既然在朝堂上有大臣反对，那他就把这一计划放

### 典故制度

**鹬蚌相争，渔翁得利**

赵国准备攻打燕国，苏代为燕国去劝说赵惠文王，说：“有一只河蚌在晒太阳，一只鹬飞来啄它的肉，河蚌马上闭拢甲壳钳住了鹬的喙。鹬说：‘今天不下雨，明天不下雨，你就变成肉干了。’河蚌说：‘今天不放你，明天不放你，你就成了死鹬。’这俩谁也不肯放开谁，渔夫经过，都捉走了。现在赵国要攻打燕国，作鹬蚌相争，我担心强大的秦国就要成为不劳而获的渔翁了。”赵惠文王认为有理，于是放弃攻打燕国。

到朝堂外来解决。

赵武灵王正在拉开被噩运之神敲得咚咚响的大门!

当时，赵武灵王与赵何的行宫相距四里，而赵章的行宫正在两人行宫的中间。一天晚上，那个一脸忠贞的田不礼向赵章提出先杀掉赵何的计划，赵章还没有丧失理智，表示反对。但田不礼要建功立业，所以迫不及待地开始了兵变。

他先是派人假扮赵武灵王的人到赵何的行宫中去，想骗出赵何。但赵何没有让他得逞。田不礼只好来硬的，连哄带骗地把赵章和自己扔上了战场，两方人马杀得血流成渠，响声震天。

远在都城的赵武灵王的叔父公子成与一名叫李兑的将军各率一支军队，赶来沙丘保驾。他们在邯郸总觉得有什么事情要发生，结果一到，真的就碰上了兄弟二人在残杀。两支军队的加入把赵章打得大败，赵章在田不礼的建议下跑进了主父的行宫。赵武灵王看到满脸是血的大儿子，赶紧就把他藏了起来。

李兑和公子成杀掉田不礼后，发现只少了赵章。他们闯进赵武灵王的行宫，捉住赵章，在已经没有了牙齿的老虎赵武灵王面前杀掉。公子成痛快后，突然听到赵武灵王在大哭，就对李兑说:

典故制度

**滥竽充数**

齐宣王喜欢听人吹竽，一定要三百人一起吹，有位南郭先生，不会吹竽也混进三百人里，享受一样的待遇。齐宣王死后，齐湣王即位，齐湣王喜欢听独奏，要求一个一个地吹给他听。南郭先生混不下去，只好逃跑了。这就是“滥竽充数”的典故，经常被用来教育人们要有真本事。弄虚作假经不住时间的考验，终究会露出马脚，只有自身功力强，才能长久。

"我们今天做的事真是惊天动地，冲进了主父的行宫，又当场杀掉了他想要保护的赵章。你听他现在哭得惊天地泣鬼神，他回到都城，能放过我们俩吗？"

李兑立即开始紧张起来，并且害怕得发抖："这如何是好？"

公子成的字典里没有办法，只有赶尽杀绝。两人不撤兵，并发布告示，主父行宫里的人都有造反嫌疑，最后出来的就杀掉，先出来的赦免。

赵武灵王本来就没有带多少人，行宫里转眼之间只剩他一个人了。赵武灵王遇到了他此生第一次无法克服的困难，而且没有人帮助他。当他也打算出宫时，宫门已在外面锁住了。几天后，宫中粮食吃尽，他开始挨饿。饥饿难忍时，他爬到宫墙上向外哀号，发誓他从此不问国事，哪怕是做个平民也可以。

公子成不相信他，李兑也不相信。最后，赵武灵王爬到树上搜寻一些鸟蛋充饥，又支撑了一个月。等鸟蛋吃完，也没有鸟再回到那里下蛋，他只好活活饿死在这寂无一人的空屋之中。

一代英雄就这样被活活饿死了，三个月后，人们发现"主父"的尸体已经被老鼠和蚂蚁啃了个精光。

### 向历史借智慧

**天下老老爱小小**

男人宠爱小老婆，连带着就宠爱小老婆生的小儿子，如果只是普通人家的父子之爱，那也没什么好说的，但这样的故事发生在王室，往往就是血案。春秋战国时期，经常上演接班人危机，赵武灵王雄才大略，却仍不免堕入"天下老老爱小小"的坏毛病，终于落得个跟当年齐桓公一样的下场，真是悲剧！

# 赵太后见齐使

赵武灵王生前，传位于次子赵何，他死之后，赵何大王照做，就是咱所说的赵惠文王。赵惠文王去世后，由赵孝成王继位。赵孝成王即位之初，年纪不大，也就刚刚学会说话吧，没法儿和大臣们掰扯，于是由他母亲，就是赵惠文王夫人——赵太后（赵威后）临时执政。

据有关记载，赵太后这人不简单，在春秋战国，女人普遍唱配角——要么撒娇，要么工谄，要么狐媚——的大环境下，她勇挑重担，为赵孝成王一朝立下了汗马功劳。

赵太后临朝听政时，不过三十多岁，作为一个女人，却显示出与当时的时代、当时的年纪极不相称的老练与成熟。她在哪里学的这一套本领，咱不知道，多半是自学成才呗。

赵太后执政时，重视民生，体恤百姓，得到了朝野一致拥护。关于她政治手腕的老练与成熟，从她接见齐国使者的小故事中，就可以看出个一二三来。

典故制度

**“太后”称呼的来历**

后世都知道，一国之君的母亲，称“太后”。其实“太后”的称呼，正是起源于战国，第一个称“太后”的，是秦国的宣太后，即秦昭王的母亲，电视剧《芈月传》的传主——芈八子。宣太后不仅是史上第一个“太后”，而且也是史上第一个以太后身份专权的女人。范雎初到秦国时，就对着秦昭王说秦国哪里有王，只有太后。宣太后统治秦国长达三十六年。

话说赵孝成王即位不久，齐大王就派使者给小大王送来贺信。不用说，小大王的母亲赵太后亲切地接见了使者。

使者奉上国书，赵太后将书信接在手里，书信还没有打开，就对使者说，您一路上辛苦啦，贵国今年收成还可以吧？百姓可还安居乐业呀？贵大王身体可好啊？

使者一听，不乐意了，就说，臣奉大王之命来向太后您和小大王问好，您不先问咱大王好，却先打听年成好不好，百姓是否安居乐业，您把低贱者放在前头，而把尊贵者放在后边，这样问，不太好吧？

赵太后“哦”了一声，说，话可不能这样说，您想想啊，如果贵国没有好年成，百姓拿什么过好日子哩？老百姓的日子不好过，齐大王南面称尊，日子岂能好过呀？所以说，大王之本为百姓，百姓之本为年成，咱岂有舍本逐末的道理？

使者一听，凑合，就唔唔应承着，说，托您的福，年成还行，小百姓也还行，咱大王吃嘛嘛香，身体也倍儿棒。

赵太后接着又问，咱听说，贵国有个隐士，叫钟离子，他的主张啊，咱有同感。他说呀，种粮食的人，咱一定得保证他有干饭吃，

### 庙堂真相

**太后都是女中强人**

秦国的宣太后，主持朝政数十年，成绩可圈可点。她也有一个接见使者的故事。楚国攻韩国，韩国向秦国求救，宣太后说出了一番惊天动地的话：我以前侍奉先王的时候，先王一屁股坐我身上，一会儿我就觉得累了；但先王全身趴在我身上时，我却觉得既舒服又不累，为什么呢？关键就在于有没有好处啊。帮韩国去打楚国，对秦国来说就是没什么好处的事情，宣太后以此来拒绝韩国。

没粮食的人，咱也要让他口稀饭吃；养蚕织布的人，咱一定得保证他有衣服穿，没有衣服的咱也不能够让他冻着。这是在帮助君王体恤百姓哩，好人啦。咱不明白，为什么到现在，齐大王也没有启用他哩？

没等使者支应，赵太后接着又问，咱还听说，贵国有个隐士，叫叶阳子，他的主张啊，咱有同感。他说呀，要使老有所终，壮有所用，幼有所长，鳏寡孤独皆有所养，好人啦。咱不明白，为什么到现在，齐大王也没有启用他哩？

没等使者支应，赵太后接着又问，北宫家的女儿婴子还好吧？咱听说，她家里没有男孩，为了奉养双亲，她都成超级剩女啦，他父母心疼她，她就摘去耳环玉饰，发誓终身不嫁。哎呀，这孩子是在用孝道为百姓做表率啊，为什么到现在，咱也没有听说齐大王褒奖她哩？这样的两位隐士不受重用，这样的一位孝女不受待见，齐大王是怎么治理国家的呢？咱太想跟他学学啦。

没等使者支应，赵太后接着又问，於陵的子仲，这个人还活着吗？咱听说，他在上，对君王不行臣道；在下，不能很好地治理家业，成天尽在国内国外惹是生非，这是教坏小老百姓啊，为

野史秘闻

**到底要不要亲爱的人陪葬**

秦宣太后跟大臣魏丑夫私通，太后生病将死，下令说：“我要魏丑夫为我殉葬。”魏丑夫很害怕，托庸芮去游说。庸芮说：“您认为人死后还会有知觉吗？”太后答：“没有知觉。”庸芮又说：“太后明知道人死后就没有了知觉，为什么还要让自己所爱的人一块儿死呢？假如人死后还有知觉的话，那么先王早就恨您入骨了，太后您赎罪还来不及，哪里还敢和魏丑夫有私情呢？”太后于是不再要求魏丑夫陪葬。

什么到现在，齐王还不处死他呢？

使者一听，头都大了，心想，您说的这几人，除了於陵的子仲，其他的咱一个也没听说过呀，您可真够可以的，都赶上国际间谍了。咱们国家的事情您都摸得一清二楚，别不是编故事来故意讽刺咱大王的吧。

使者再一看，也不像，赵太后挺诚恳的。于是，使者又唔唔地应承说，好的，您的建议呀，咱回去一定汇报给咱大王。好的，您歇着，不打搅啦，告辞告辞，回驿馆歇息去喽。

## 向历史借智慧

**知道分子赵太后**

赵太后真的知识渊博、见识高远、情报耳目无所不在吗？其实，这更多地是一种谈话技巧。曾经有人这样传授：如果能读很多的书，自然很好，但如果时间不够，那么还可以有两种办法让你变得博学，一是挑一两个作者或一两种书，比如《老子》，精研细读，当别人和你谈话时，不管谈论什么，你都可以把话题拉到老子上来；二是尽量地多读书，每本书只读十分之一或只读评论，这样不管谈论什么，你都能说上一点意见。

# 触龙谏赵太后

老实说，自从赵武灵王力推“胡服骑射”以来，秦大王和赵大王就较上劲儿了。此后，两国大王数次交手，胜负各半。等赵孝成王继位时，赵太后垂帘听政，秦大王一看，哟嗬，孤儿寡母的，此时不打，更待何时？于是开打，一口气就打下了赵国三座城池。

太后和大家伙儿一商量，向齐国求救。齐大王也很干脆，援助，可以，但您得把您宝贝儿长安君送过来做人质。太后一听，我呸，讹诈吧您就，不肯答应。大臣们极力劝说，太后急了，明明白白地告诉左右的近臣，再有说让长安君去做人质的人，我就向他的脸上吐唾沫！

大伙儿没辙了，干着急。这时候，太后的老朋友左师公触龙自告奋勇，希望去会一会太后。太后一听，哟嗬，老朋友我就不呸你哪？就气冲冲地等着他。

触龙大约比太后大一轮的光景，也就小五十岁吧，到了会客厅，磨磨叽叽，老半天才挪到了太后面前，劈头就告罪说：哎呀，

庙堂真相

**东帝和西帝**

人的贪心总是无止境的，大家伙儿称王还没几十年，秦国和齐国就觉得称王的人太多了，显示不出自个的优越感来。于是，公元前 288 年，秦国和齐国联合起来，一起称帝，秦王号称西帝，齐王号称东帝，但这顶帽子享受没几天，觉得压力太大，又悄没声息地取消了。

您知道的，老臣脚有毛病，所以很久没来看您啦，最近啊，咱听说您贵体有恙，所以特来看您来啦。

太后说：嗯，是不咋地，还不都是秦大王那厮给闹的，全靠坐辇走动。触龙又问：您每天的胃口还行？太后说：勉强喝点儿稀粥罢了。触龙说：近来咱也不咋地，但是坚持锻炼锻炼，每天走上三四里，也还能吃点儿东西。太后说：您有福，我做不到。

这样唠了几句家常，太后的怒色稍微消解了些。

太后说：就这事？还有别的事吗？没别的事，那就请回吧。触龙说：嗯啊，我的儿子舒祺，年龄最小，不成材，我又老了，可能说走就走，所以啊，咱怕自己走后，他没个一技之长，咱就想啊，希望您能让他补个黑衣卫士的空额，就为这事，咱冒死罪来恳请太后您。

太后说：可以。这孩子多大年龄了？触龙恭恭敬敬地说：十五岁了。虽然还小，但咱希望趁咱还没入土的时候托付给您。太后一看这情况，乐了，说：你们男人也疼爱小儿子吗？触龙说：是呀，比你们女人家还厉害哩。太后笑着说：别逗了，没听说父亲疼儿子超过母亲疼儿子的。触龙说：噢，是这样吗？咱怎么觉得，

## 庙堂真相

### 宋国灭亡

宋国虽然小，但宋康王野心很大，想称霸天下。他用皮袋子装着血，挂起来当箭靶，称作“射天”；用鞭子鞭打土地，还砍掉土神、谷神的神位，把它们烧掉，号称“以威力降服天下鬼神”。实际上宋康王沉溺酒色，大臣劝谏他，他就辱骂或射死大臣。他对待百姓也很残暴，剖开驼背人的背，砍断早晨过河人的腿，人们把他跟夏桀、商纣这样的暴君相提并论，称他为“桀宋”。公元前 286 年，齐、楚、魏三国联合灭宋。

您疼爱燕后就超过了疼爱长安君啊。

太后说：没有的事，怎么可能呢？触龙说：咱听说，您送燕后出嫁的时候，搂住她的脚，哭个不停，因为她嫁到国外去嘛，这也可以理解。咱又听说，她出嫁以后，您每次祭祀的时候，一定为她祷告，说，啊呀，千万不要被婆家人撵回来啊。这不就表明，您疼爱燕后超过了疼爱长安君吗？

太后说：这有什么，谁的父母不希望自己的女儿嫁个有钱人啊？再说了，像咱这样的人家，谁不希望自己的女儿能够做国君夫人，生儿育女，君位一代一代往下传哪？

触龙叹了一口气说：您给燕后想得这么周到，可是，给儿子长安君可没想这么周到啊？太后不乐意了，没好气地说：这话怎么讲啊？

触龙赶忙说：您看噢，眼下，您把长安君的地位提得高高的，又是大块的封地，又是金银宝贝，让他在家里养尊处优，待着。您不趁现在这个时候，让他为国立功，一旦您百年之后，长安君凭什么在赵国站住脚呢？咱觉得啊，您为长安君打算得太不长远了，只顾眼前好吃好喝。所以啊，咱就认为，您疼爱他比不上疼

典故制度

亡羊补牢

楚襄王宠信奸臣，奢侈淫乐，不理朝政，大臣庄辛劝诫楚王，楚王不听，庄辛说："大王您这样下去，楚国危险啦！请允许我出去躲一躲。"五个月后，秦国攻破楚国都城，楚王被迫流亡，派人把庄辛找回来，请教补救办法。庄辛说："我听说，'见兔而顾犬，未为晚也；亡羊而补牢，未为迟也'……"这就是"亡羊补牢"典故的出处：见到兔子后再放出猎犬，不算晚；羊跑了才来修补羊圈，还不为迟。

爱燕后。

太后一听，寻思了好半晌，明白了，就说：好吧，我知道了，让他到齐大王那里接受锻炼吧。于是，转天，太后就替长安君准备了一百辆车子，送他到齐国去做人质，齐国的救兵这才出动，替赵国解了围。

## 向历史借智慧

**爱要有远见**

孩子总是父母心中的宝，很多父母宁可委屈自己，把老命拼上了也要满足孩子。吃如此，穿、玩、上学，各个方面都要给孩子提供最好的条件，这是为人父母者的共同心态。但这样去爱孩子是不是就够了，或者说是不是就会有好结果？触龙说赵太后的故事告诉我们，爱要有远见。君不见，多少用钱砸出来的“海归”孩子，却被曝出连随便一门外语都说不顺溜！这样的孩子，靠什么在社会中立足？

# 负荆请罪

高级知识分子蔺相如这人不错，属于救火精英的那一类人，先是积极为前主人、内务府一把手缪贤排忧解难，表现出色，受到嘉奖。转天，赵大王手里缺人，前主人忍痛割爱，将他推荐给赵大王。

事实证明，是金子，在哪里都会放光，没几天，他就为新主人办了两件大事。第一件，秦大王惦记上赵大王手里的稀世珍宝——和氏璧了，声称，愿意拿十五座城池和赵大王交换。敌强我弱，不去搭话不行，蔺相如就去了。果然，秦大王压根儿就没准备拿十五座城池出来，多亏了蔺相如与秦大王斗智斗勇，演了一出“完璧归赵”的故事。

第二件，是第一件事的续集，蔺相如将和氏璧完璧归赵了，秦大王没脾气，但他也是有智商的人，决定换一种玩法，就向赵大王抛出橄榄枝——渑池相会，联络国际感情。敌强我弱，不去不行，结果是，蔺相如不亢不卑，斗智斗勇，保护赵大王毫发未

野史秘闻

**缪贤推荐蔺相如**

缪贤向赵惠文王推荐蔺相如，说：“我曾经犯了事，想逃到燕国。因为我曾随从大王与燕王会见，燕王私下许诺，愿意跟我交朋友。但蔺相如阻止我，他说：‘赵国强，燕国弱，而您受宠于赵王，所以燕王想要和您结交。如果您成了赵国逃犯，燕国必定不敢收留您，而且还会把您押送回赵国。您不如主动向赵王请罪。’我听从了他的意见，大王也赦免了我。”——做人一定要认清形势，竞争对手愿意结交你，是因为你所在的平台和位置！

损回来了。

赵大王一高兴，就把蔺相如封为上卿，官衔比大将廉颇高。妈呀，蔺相如这回可赚大发了，两年不到，从内务府小办事员，到中央政府高级官员，什么概念呀，就是撑竿跳高，也不过如此呀。

不用说，许多人不服气，其中，大将军廉颇就是一个。廉大将军什么来头？人家是贵族血统，祖宗八代都是大官啊。祖上的事咱就不说了，人家干老本行还真有一套，要不能入选“当代四大名将”，与白起、王翦、李牧排在一起吗？

大将军一生气，后果很严重，凭什么呀，咱攻城略地，大仗小仗身经百战，身上的伤疤就像得了疥疮似的，职位才相当于副宰相，他蔺相如一奴婢似的人物，就凭耍耍嘴皮子，官职却在我上面，打死我也不服气，回头再见到他，将他脑袋割下来当夜壶。

不用说，没一个时辰，这话就传到了蔺相如的耳朵里，蔺相如一听，笑一笑，不说话。再上朝的时候，就托病不去，咱不在您廉大将军面前晃悠，总行了吧。门客们一看，哟，蔺大人害怕了，秀才遇到兵，难免的呀，咱们也低调点儿吧。

这事没完，转天，蔺相如出门办事，远远看见廉大将军的车

典故制度

**完璧归赵**

秦国宣称要以十五城跟赵国换和氏璧，蔺相如作为赵国代表，携璧前往。秦王拿到宝贝后，只字不提十五城的事。蔺相如说：“璧上有个小瑕疵，让我指给大王看。”蔺相如拿回璧，威胁秦王不给城池就要摔碎宝贝。秦王只得拿出地图，跟蔺相如交割城池。蔺相如又施缓兵之计，要求秦王斋戒五天后再交接，然后当晚就让人携带宝璧，偷偷跑回赵国。蔺相如自己则留下来与秦国周旋。这就是“完璧归赵”的典故。

驾浩浩荡荡地开过来，心里一咯噔，赶忙让车把式把车赶到小巷子里，恭恭敬敬地等着，廉大将军过去了，咱再出来。

门客们一看，哟嗬，蔺大人都怕成这样了，也太过了吧？咱们抛妻别子，出来跟您混，不就是仰慕您是个大丈夫吗？唉，咱们看错人了，还是另谋出路吧。于是，都来向蔺相如请辞。

蔺相如笑一笑，说，您几位给摆摆看，廉大将军的威风和秦大王比，怎么样啊？大家伙儿直撇嘴，说，那还用问吗？秦大王打一个喷嚏，地球也要抖三抖哇。

蔺相如说，这就对了。您几位再想想看，以秦大王这样不可一世、睥睨天下的威风，咱蔺相如在大庭广众之下，还不照样呵斥他？

哎呀，不瞒您几位说，咱不怕死，已经很久啦，但是，死，也要死得值得。咱不怕秦大王，为什么偏就怕廉大将军呢？咱就想啊，秦大王打咱们赵国的主意很久了，这一二年，之所以不敢明目张胆地来找碴儿，是因为咱和廉大将军两个人侍奉在大王左右啊。

现如今，两虎相争，必有一伤，秦大王知道了这个消息，还

## 庙堂真相

**本为利来，又因利往**

赵国大将军廉颇有一回被夺了军权，他家的一帮门客见他失势，纷纷走了；后来廉颇又被起用，前一阵子一溜烟跑掉的门客，这时候又都一溜烟地跑回来了。廉颇很不爽，觉得这帮人都是白眼狼。有个门客就跟他说，我们这些人，本来就是奔着好处来的，在您这里有利可图，当然就跟着您；当您这里无利可图时，我们自然要再去找前程，这是人之常情嘛，您又何必介意呢！

不乐死啊，这种亲者痛仇者快的事，咱们不能够干哪。一席话，说得门客们感叹佩服，行，不走了。

但事儿还远远没完呢。没几天，蔺大人家的门客与廉大人家的门客不巧在饭馆中遇到了，争座位，谁也不让，廉大人家的门客直撸袖子。蔺大人家的门客哼了一声，谁怕谁呀，咱们让着你的，知道不？就把蔺相如一番话这么一学舌。廉大人家的门客一听，直撇嘴，是吗？这么厉害？别跟咱们来这一套。

巧得很，这时候赵大王的宾客、知识分子河东人虞卿，正在大街上溜达，见人打架，就过来劝架，听了蔺相如家门客这一番话，心想，咱初来乍到，不听几个门客说起这事，咱哪里知道赵大王的顶梁柱将相不和啊。

于是，他赶忙来和赵大王说了这事。赵大王一听，也吃了一惊，非常担忧，说，两虎相争，必有一伤，秦大王那厮可高兴了，这该怎么办哪？虞卿想了想，说，还是咱来帮他俩解开这个结吧。赵大王一听，好好，等着您的好消息。

转天，虞卿来廉颇家拜访大将军，先海阔天空夸了一番大将军的功劳，大将军那叫一个高兴。紧接着虞卿话锋一转，说："若

典故制度

**渑池会盟**

公元前 279 年，秦王约赵王在渑池会面。廉颇说："大王此行，如果三十天还没回来，就请您允许我们立太子为王，以断绝秦国的妄想。"赵王同意。蔺相如陪着赵王前去，秦王让赵王弹瑟，赵王不得不照办，秦王让史官记录下。蔺相如要求秦王演奏秦乐，秦王不答应，蔺相如举起瓦缶（乐器），威胁秦王，秦王不得不从，蔺相如让赵国史官也记录下。这就是渑池会盟，凶险万分，赵国君臣将生死置之度外，使得秦国空手而归。

论功劳，没人能比得过大将军您了，但是论胆量，还要首推蔺相如蔺先生呀。”

廉颇一听，大怒，敢情是来逗咱玩儿的呀，骂道，废话少说，他哪儿就有胆量了？见到咱，都像耗子见到猫似的。虞卿笑一笑，说，您消消气，听我慢慢跟你摆一摆。于是，便将蔺相如家门客的话转述了一遍，最后，语重心长地说，您二位再这样下去，我恐怕危险离赵国就不远了啊。

廉颇一听，蒙了，理一理思路，是这么回事呀，非常惭愧，说，先生的话太对了，要不是您这一趟，咱廉颇就犯大错误了，咱比蔺相如蔺大人气量差得远了！廉颇有了改正错误的想法，于是，向虞卿讨主意，您给看看，怎么才能得到蔺大人的原谅啊？

虞卿一看，很高兴，就这么这么给他出个主意。廉颇一听，好，就这么办。当天下午，趁着天儿暖和，廉颇光着上身，将一束荆条绑在自己背上，跑到蔺相如府上大院子中间跪下，大嗓门对着里面喊，鄙人心胸狭窄，目光短浅，不知道相国如此宽宏大量，特来请罪。

一句话，荆条都背来了，您看着办吧。蔺相如一听，慌忙跑出，

## 庙堂真相

**廉颇流亡史**

一代名将廉颇，为赵国立下汗马功劳，最终却老死楚国。前 245 年，他先是被赵王解除兵权，逃到魏国，在魏国也得不到重用。期间赵国又想接他回去，派使者来慰问，廉颇在使者面前吃下一斗米、十斤肉，还披甲上马，但使者回去报告赵王，说廉颇老矣，一句话就断了廉颇的回家之路。最后廉颇到了楚国为将，不久就死在楚国。

一边说，哎呀呀，老将军，您这样做，我可吃罪不起呀。蔺相如扶起来廉颇，亲手解了荆条，笑眯眯地叙话。

聊到最后，廉大将军提议了，拜把子！不拜拜把子，不够哥们儿。就这样，两个死对头成了刎颈之交啊。这就是“负荆请罪”“刎颈之交”的来历。

## 向历史借智慧

### 大家都是好干部

这个中国人耳熟能详的“将相和”故事，向我们展示了蔺相如的宽宏大量和一种“真勇”。“真勇”不是与人争功斗狠，而是为了捍卫某种崇高的价值而不畏强暴，比如见义勇为。这个故事也展示了廉颇的知错能改和坦荡人格，作为老资格的功臣，意识到自己的不对后，能如此高调地认错，比起蔺相如的宽宏来，其实更难能可贵。

# 鸡鸣狗盗

秦昭襄王久闻孟尝君的大名，非常渴望有朝一日能和他共进晚餐，便派自己的儿子泾阳君到齐国作抵押，让齐王敦促孟尝君成行，以聊解他的思慕之情。

孟尝君心想，秦大王这厮是个虎狼之人，楚怀王那厮也被他骗去，最后吐血而死，我这一去，还不定咋的哩，于是不想去。

但是架不住秦国几次要求，人在江湖身不由己，不想去，硬着头皮也得去。公元前 299 年，齐王派孟尝君出使秦国。好在他有一千多位千奇百怪的能人保驾护航，于是，一声吆喝，大部队浩浩荡荡就出发了。

孟尝君的大部队到达咸阳，两下里相见，秦大王笑眯眯地走下台阶，与心中的偶像亲切地握手交谈，述说自己仰慕的心情。孟尝君则拿一件千年白狐裘，送给粉丝作见面礼。

回头，秦大王穿着这身毛茸茸的皮草，回到后宫，在宠妾燕姬面前夸耀一番，眼馋得燕姬口水都快下来了。眼下，天气还暖和，

### 庙堂真相

**孟尝君**

有一段时间，各国有钱有势的公子们，都爱上了带小弟的游戏，并互相比拼，看谁的小弟最多、小弟中有名的人最多、谁对小弟最好。有名的四个被称为“战国四公子”，齐国孟尝君就是其中之一。孟尝君每次接待小弟，都让人做记录，除了谈话内容外，还要记下各人的住处、亲戚朋友的情况，然后派人登门慰问、送礼。这可是个好办法，值得学习。我们不像孟尝君那么有钱，那就少送礼，多写信打电话慰问慰问也是好的，人脉就是这样积攒起来的。

秦大王便脱下裘服，先搁到衣柜里收藏起来，等待天冷了，再拿出来显摆。秦大王吩咐下去，选择良辰吉日，立孟尝君为咱秦国丞相。

大臣樗里疾一听，吃了一惊，心说，这不明摆着抢咱饭碗吗？于是，找门客一商量，回头，他就来劝谏秦大王说，大王啊，您看看，孟尝君，齐国人，全家大小还在齐国，他做了秦国的丞相，这胳膊肘子还不往外拐？

秦大王恍然大悟，说，要不就放他回去？这人就说，别呀，您看看噢，孟尝君这厮浩浩荡荡一千多人，在咱这儿住了一个多月，还不把咱的大事小事都摸了个一清二楚啊……

秦大王一听，嗯，咱知道怎么办了，当时脸色就变了，暗暗下令把偶像一伙儿软禁在宾馆里头，回头再收拾他们。

不巧，这事给泾阳君知道了，心说，前段时间咱在齐国的时候，孟尝君待咱没不好，每天都宴请咱，临走时又送给咱好几件宝物，有恩不报非君子啊，就闷声不响地见了孟尝君，告诉他这么这么回事。

孟尝君一听，心说，担心的事儿还是发生了，这可怎么办哪？

野史秘闻

**万贯家财留给谁**

田文小时候不受父亲待见。一天，田文问父亲："儿子的儿子叫什么？"父亲答："孙子。"问："孙子的孙子叫什么？"答："玄孙。"又问："玄孙的孙子叫什么？"父亲答不上来，田文说："您担任齐国宰相，到如今已经历三代君王，可是齐国的领土没有增加，贤能人士过着苦日子，您的私家却积蓄了万金财富。您是想把财富留给那些您连称呼都说不上来的后代吗？"父亲醒悟。田文，就是后来的孟尝君。

泾阳君就给他出主意，说，您看哦，这个事，大王还没有做最后决定，还有挽救的余地。咱们大王有个宠妾，名叫燕姬，大王对她可是言听计从的哩。您如果带有稀世宝贝，我可以替你献给燕姬，求她在大王面前说些好话，大王一高兴，就会放您回国，这样您不就免除灾祸了吗？

好好好，孟尝君赶忙拿出两对白璧，托泾阳君去献给燕姬。没想到，人家说，我就特别喜欢千年白狐裘，白璧咱有的是，不稀罕。

这可把孟尝君急坏了，就笑眯眯地向门客们求助，诸位，嘿嘿，给想个办法，千年白狐裘，绝版，仅此一件，已献给秦大王了，哪里还能寻摸到啊？大家伙儿低着头，不言语。

这时候，最下等的一名门客说：我有办法再弄一件来。大家吃了一惊，赶忙问：您有什么办法？那人回答说：到时候您就知道了。孟尝君面带笑容，心里没底。

当天夜里，这个人装扮成狗的模样，从狗洞中潜入秦大王的仓库中，一路发出狗的响动。管库的保安以为是狗在遛弯儿，没理会。等保安睡熟以后，这个人在他鼻子底下熏点儿迷香，取出他身上的钥匙，打开收藏的柜子，拿到了白狐裘，偷出来献给孟

### 庙堂真相

**木偶人与土偶人**

秦昭王邀请田文到秦国。田文准备出发，所有宾客都规劝他，但田文不听，苏代就讲了一个故事："有一个木偶人和一个土偶人。木偶人说：'天一下雨，你就要坍毁了。'土偶人说：'我是泥土生成的，即使坍毁，也是回归到泥土里。反而是你，一下雨，水流冲着你跑，可不知把你冲到哪里去了。'当今秦国，是个如虎似狼的国家，而您执意前往，一旦回不来，岂不被土偶人嘲笑吗？"这是秦国第一次邀请田文，田文没去。

尝君。

孟尝君大喜过望，赶忙闷声不响来见泾阳君，托他转献给燕姬。燕姬一看，激动得眼泪都快下来了，闷声不响地收好。当天晚上，与秦大王饮酒到高兴处，就说：妾听说，孟尝君是天下最有名的贤人，大王把他请来咱们国家，不重用他也就算了，为什么还要杀他呢？我好为大王担心呀，大王的英名就要毁于一旦了呀。

秦大王一听，有理，第二天上朝，不由分说，就下令准备车马，发给通行证，放偶像的大部队回国。孟尝君一听，又惊又喜，对左右说，趁秦大王这厮还没有反悔，快点儿溜吧。于是，连夜飞驰出城。

到了函谷关，正是半夜时分，关门锁得紧紧的，这可怎么办哪？正在大家伙儿惶惶不安之际，忽然听到大部队中传出鸡叫声。孟尝君感到奇怪，仔细一看，却是下等门客中有一个人在学鸡叫。

没多大工夫，远远近近的群鸡都跟着叫了起来。守关的保安一听，哟，天亮了，开关呗，让人家好出城去做生意，就起来检票，开关放行。转眼间，大部队出了函谷关，大家伙儿一声吆喝，快马加鞭，飞奔而去，谁愿意留下来给秦大王祭刀的，谁留下。

## 典故制度

**毛遂片言九鼎，人重其言；季布一诺千金，人服其信**

秦国进攻赵国，赵国平原君的门客毛遂，凭自己三寸不烂之舌说服楚国出兵救赵，平原君因此夸毛遂“片言九鼎”，说的话分量极重，重于九鼎（国家宝器）。季布是秦末楚国人，重承诺，言而有信，《史记》中说“得黄金百斤，不如得季布一诺”，季布的一个承诺比黄金还贵重，人们都服其信用。

喘口气，孟尝君对二位下等门客说：哎呀，咱今儿个能够脱离虎口，多亏有您二位的鸡鸣狗盗之力呀！一番话，说得上等门客们无地自容，从此不敢怠慢下等的门客了。

没过几个时辰，秦大王一觉醒来，果然反悔，就派人追到函谷关，哪里还有偶像的踪影？又得知，爱妾那里还有一件千年白狐裘，当即大赞偶像的智囊团，果然名不虚传，破天荒地，这事就再不追究了。

## 向历史借智慧

**天生我材必有用**

鸡鸣狗盗，比喻上不得台面的小伎俩，但小伎俩有时也能派上大用场。以前，人们老说玩物丧志，认为“玩”的人没出息，后来，玩玉器的成了古董专家，嗓子好的成了歌唱家，画画不能当饭吃的画家也名利双收了，甚至电脑游戏玩得好，也能靠这一特长而谋生。所以说，只要有“材”，就能生存。

# 冯谖快板

大名人孟尝君九死一生从秦国逃回来这件事，使他原本就十分光辉的形象更是登峰造极，因而慕名前来归附他的食客就更多了。

为了贯彻按劳分配的原则，孟尝君把招待所分为三等，上等客住“代舍”，中等客住“幸舍”，下等客住“传舍”。代舍招待所只接待有一定的名望或有特殊地位的上等宾客居住，有肉吃，有专车；幸舍招待所供有一定才能的中等宾客居住，有肉吃，交通费自理；传舍招待所供一般宾客居住，只提供普通饭食，管饱，交通自己解决。

一天，有一个高大伟岸的汉子，穿着破衣服，趿着草鞋，自称姓冯名谖，齐国人，久闻偶像孟尝君大名，特来投奔。老样子，孟尝君差人客客气气地安排他在下等招待所住下了。

过了十几天，“传舍”招待所所长来向领导反映问题：这个新来的冯先生啊，看样子是个穷人，什么行李也没有，只有一把剑，

野史秘闻

**辩不过怎么办**

秦王向老臣甘茂诉苦，说：“楚国派来的使者，多是能言善辩之人，我和他们说话，总是被弄得理屈词穷，这该怎么办呢？”甘茂回答：“大王不用发愁。对于那些能言善辩的人，任由他说，但他们的意见，您不要听；相反，那些不善言辞的人，您一定要听从他们的话。久而久之，楚国发现，能说的办不成事，不能说的反而把事办成了，就不会再派能说会道的人来了。”

还没剑囊，用根草绳稀里糊涂系在腰间。每天吃完饭，他就用手指头弹着剑，唱快板，说什么“宝剑啊宝剑，咱们回去罢，没鱼没肉咽不下呀”，反正诸如此类吧，您看这个事——？

孟尝君笑着说：噢，是嫌我的饭菜太寒酸了。就吩咐，安排冯先生住中等招待所去，提供鱼肉。

过了五天，“幸舍”招待所所长来向领导反映问题：这个新来的冯先生啊，每天吃完饭，他就用手指头弹着剑，唱快板，说什么“宝剑啊宝剑，咱们回去罢，出门没有车，走得腿肚子软”，反正诸如此类吧，您看这个事——？

孟尝君一听，吃了一惊，说：噢？有鱼有肉还嫌待遇不够？看来，这个人一定有什么特殊的才能呐。就吩咐，安排冯先生住高级招待所，提供鱼肉，配专车。

过了五天，“代舍”高级招待所所长来向领导反映问题：这个新来的冯先生啊，每天吃完饭，他就用手指头弹着剑，唱快板，说什么“宝剑啊宝剑，咱们回去罢，专车里面没娇娘，锦衣夜行真没劲”，反正诸如此类吧，您看这个事——？

孟尝君不高兴了，说，这位客人怎么没完没了呢？婚姻大事，

---

典故制度

**“三教九流”**

今天，人们用“三教九流”来指社会上各行各业的人。这个词最早是指各学术流派，“三教”，指儒教、道教、佛（释）教三家；“九流”的说法，源自《汉书》，指儒家、道家、阴阳家、法家、名家、墨家、纵横家、杂家、农家，都是先秦时代的重要学派。“九流”之外，加上小说家，又称为“九流十家”。

咱没法给他解决。于是不理睬，让代舍所长再观察一段时间再说。结果，人家冯先生也没再唱求爱的快板书了。

转眼间，一年过去了。一天，管家来向主人预警：这个，钱粮只够用一个月的了，您看这个事——？孟尝君一听，头都大了，赶紧把高利贷的借款条子拿来一翻，嗯，欠账不少，得赶快派人去收。

原来，考虑到自己的封地——薛邑的收入不够给食客花销，孟尝君就拿出一部分钱，在薛地放高利贷，每年收一次利息，用来贴补家用。

找谁去哩？代舍所长就推荐了：依我看，冯先生好像没有什么特别的才能，但似乎还诚实可信，先前他自己申请做上等客人，要账这事应该没问题，要不让他去试试？

好，没问题。于是，孟尝君请来冯谖，对他这么这么一说。很好啊，冯谖爽快地答应下来，第二天天没亮，他就带着账簿，坐着专车出发了。

没几天，冯先生红光满面地回来了。孟尝君非常高兴，亲切地接见了财务特使，先生辛劳了，钱都收回来了吗？冯谖大大咧

野史秘闻

**求学的正确态度**

名家代表公孙龙，他的“白马非马”论影响很广。儒家孔穿不服气，说：“只要您放弃‘白马非马’说，我就请求做你的弟子。”公孙龙回答：“想拜人家为师，是因为智力和学术不如人家吧；现在你要我放弃自己的学说，这是先来教我，而后才拜我为师。这是什么道理！”——这话说得很对。向人求学的正确态度，就是承认对方比自己强，而且，正是要学其强，而不是要攻其短。

咧地说，咱不但为公子收回了钱，还为公子收回了德！

咦？什么意思？没什么意思。然后，冯谖开门见山地述职：第一，能还得起本钱和利息的，都到位了，在这儿喏，一二三。第二，暂时还不起本钱和利息，但有偿还能力的，重新写了借条，定下了期约，在这儿喏，一二三。第三，实在还不起本钱和利息的，也没有偿还能力的，借据都烧了，查无对证了。

孟尝君一听，当时脸就阴了，懊恼地说，您瞧这事闹的，您倒是为咱积了不少德，可是眼下，德也不能够管饭吃啊，您还一顿没肉吃就跳哩，咱这不是等米下锅的嘛。

孟尝君好一顿数落，冯先生也不吭声，两个人都叹气。不用说，孟尝君回头又忙忙叨叨找有钱的朋友借贷，熬过了这一关。

这个事没多久，孟尝君出事了。原来秦昭襄王后悔放走了孟尝君，就想借刀杀人，于是，派个张仪似的人物在国际社会放出阴风：不好啦，照这样下去，齐大王迟早要被孟尝君取而代之啦。

不用说，齐大王一听，正击中了自己的心窝子，于是找个借口，就收了孟尝君的相印，罢了他的官，让他回薛地，爱干吗干吗去。宾客们听说主人被罢黜，估计伙食是没着落了，转眼间，一哄而

### 典故制度

“宁为鸡口，无为牛后”

苏秦游说韩国加入合纵抗秦，对韩昭侯说：“韩国地方千里，甲兵数十万，天下的强弓劲弩都出自韩国，然而以韩国的强大和大王的贤明，却还打算屈从于秦国，使国家蒙羞，为天下所耻笑。如果大王归顺秦国，秦国一定要求割地。今年答应了，明年又要求增加。给吧，韩国越给越小；不给吧，则前功尽弃！俗话说：‘宁为鸡口，无为牛后。’宁做小却干净的鸡口，不要做大却脏的牛屁股啊！”

散了，只有冯先生愿意为孟尝君驾车。

主仆两个还没到薛地呐，薛地的老百姓就扶老携幼出来迎接，争着贡献酒食，询问主人的起居，把孟尝君感动得，那真叫热泪盈眶啊，回头直夸冯先生：这就是先生为我收的德呀！

安顿下来没几天，冯先生又小施计策，到秦大王那里出了一趟差，齐大王就笑眯眯地请孟尝君重新回到了领导岗位。到这里，孟尝君才对善于说快板的冯先生刮目相看了。

## 向历史借智慧

**真朋友是你的"贴心小棉袄"**

有些朋友是平时陪你吃吃喝喝，凑个热闹，大难来时，则各自散了。只有真的朋友，会时时处处为你着想，从最有利于你的角度给你提建议、帮你，这种朋友好比棉袄，平时不觉得他的好，等到冬天来了、你觉得冷时，就会感觉到贴心的温暖，感觉到这朋友的好。

# 颜率保九鼎

咱们知道，打通三川，问鼎中原，是秦大王祖祖辈辈的梦想。眼下，周天子的老本钱——洛阳城邑，虽然只有巴掌大一点地方，但非常不识趣地挡在秦大王东进的路上，不用说，秦昭襄王即位后，早就嫌它碍事了。

这一天，秦大王终于按捺不住，大部队开到周天子家门口，不由分说，索要地图花名册和镇国之宝——九鼎。周天子愁眉苦脸，不知如何是好。

大臣颜率说，您不要忧虑，臣这就去齐国借兵，到时候，有秦大王这厮的好看。周天子口上答应了，心里其实没底，死马当作活马医，你跑一趟吧。

颜率到了齐国，对齐大王说，眼下，秦大王暴虐无道，目无尊长，大部队兵临城下，威胁天子，索要九鼎！咱君臣已经合计好啦，与其将九鼎给暴秦那小子抢去，还不如双手奉送给您。只要大王您肯出兵为咱大王做主，九鼎就是您的。这样一来，大王

庙堂真相

周王室过年，一年不如一年

春秋时期，周王室虽然衰落，但诸侯国还没怎么跟它过不去，多数时候还是把它当墙上的画像供着。而到了战国时期，周王室能被人记起来的事件，只有两个：一是前 403 年，周天子封赵、魏、韩三家为诸侯，即三家分晋；二是前 386 年，周天子封齐国强人田和为齐侯。这两次都算是看这几个强人的脸色行事，周王室就剩下一个橡皮图章的功能了。这可真是周王室过年，一年不如一年啊！

不仅能名扬天下，而且还能得到镇国之宝，实乃国家大幸哩！望大王不要错失良机。

齐王一听，大喜，当即命中不溜将军陈臣思统兵五万，驰援周天子。秦大王一看，哟嗬，来了个刺儿头，虽然心里不忿，还是撤了军。

秦国退兵后，齐大王就派人向周天子索要九鼎来啦。这事，颜率早就向周天子作了汇报呀，周天子也明白是怎么回事，就命颜率出面挡驾，把这件事给办妥当。

颜率对使者说，嗯，来搬九鼎的是吧，欢迎欢迎。只是这九鼎每一尊都像小山一样，搬起来可费劲啦，且容我和您去面见齐大王，和他商量个稳妥的办法。

转天，颜率随使者到了齐国，对齐大王说，嗯，前不久，仰仗大王仗义，使咱周天子君臣父子得以保全，非常非常感谢。这段时间，咱在家里，也没闲着，早将九鼎打扫一新了，只等贵国派人前去搬运，只是不知贵国打算从哪一条道儿将它们运回来呀？

齐大王说，咱打算向魏国借道。颜率一听，吃了一惊，说，哎哟，不好，咱听说，魏大王打九鼎的主意已经很久啦，要是九

野史秘闻

**忠臣难做**

有人在燕王面前说苏秦不忠诚，苏秦给燕王讲故事，说："妻子与人私通，在酒里下毒，准备毒死丈夫，侍妾假装摔倒，打翻了毒酒。丈夫很生气，惩罚了侍妾。但是，侍妾打翻毒酒，保护了丈夫，又维护了妻子，做得很好，却受到惩罚。我的罪名，跟侍妾的遭遇相类似呀！"燕王听了，表示认可，对苏秦更加厚待。

鼎打魏大王的地盘过，咱恐怕是雁过必被拔毛啊。

齐大王一听，也吃了一惊，说，哎哟，咱还真没考虑这么多，既然魏大王那厮不地道，咱就向楚大王借道呗。

颜率又哎哟一声说，不好！咱听说，楚大王那厮打九鼎的主意也已经很久啦，要是九鼎打楚大王的地盘过，咱恐怕是老虎嘴里难讨碎骨啊，这可怎么办呐？

齐大王一听，不乐意了，说，这也不行那也不行，依你说，打哪儿过吧？

颜率赶忙恭恭敬敬地说，大王息怒，小臣可真是一番好心呀。您看噢，这九鼎，它不像醋瓶子、酱罐子之类的小玩意儿，可以提在手上或揣在怀里，悄没声息地就给您捎回齐国啦；也不像鸟雀、乌鸦之类的小玩意儿，可以自己飞回您的怀抱；更不像兔子、奔马之类的机灵鬼，可以自个儿跑回您齐国来。

想当年啊，周武王灭了纣王，将九鼎从朝歌运到洛阳，那家伙，一只鼎就动用九万人啊，九只鼎哩，共需九九八十一万人。所需要的士兵、工匠难以计数，此外，需要准备搬运工具啦，铺盖行李，粮饷物资啦，等等等等，这一切，小臣不敢不提前通知大王您哪。

## 野史秘闻

**爱越深，恨也越深**

弥子瑕得宠于卫君。弥子瑕母亲病了，弥子瑕得到消息，假传旨意，驾着卫君的车就跑。卫君知道了，反而赞美他孝顺，丝毫不追究他的违法行为。弥子瑕和卫君一起游园，一颗桃子，弥子瑕吃了一半，就递给卫君吃，卫君觉得这是“爱我”。后来弥子瑕失宠了，卫君想起以前的事，恨恨不已，对弥子瑕深恶痛绝。

齐大王一听，明白了，您第一趟来，就知道这个情况了，说到底，周天子压根儿就没准备将九鼎给咱呗。

颜率吓得连连摆手，唔唔地说，大王，您千万别这么说，小臣可吃罪不起。只要大王打定主意去搬，咱大王随时恭候您的大部队。

齐大王一听，非常气馁，就问众爱卿啊，你们有什么好主意呀？没有。于是，齐王打消了这个念头，颜率也为周天子保住了镇国之宝。

## 向历史借智慧

**不要贪图不属于自己的东西**

古希腊有一则寓言：一只狐狸，眼馋人家园里的葡萄，但葡萄园只有一处小小的狗洞可以进出，狐狸就使劲缩着身子，把自己往狗洞里挤，挤得磕破了皮、磨掉了毛，才进入葡萄园。这下可高兴啊，狐狸在葡萄园里使劲吃、撒欢，心里很满足，但有一天，狐狸想从葡萄园里出去时，发觉怎么挤也不能让自己发胖的身子穿过狗洞了，怎么办呢？没有办法，狐狸只好把自己饿得瘦瘦的，最终才出了葡萄园。

# 即墨保卫战

燕昭王二十八年，燕国高层一致认为，找齐国复仇的时机成熟了，于是命大将军乐毅率五国联军，开到齐大王家门口，噼里啪啦一顿猛揍，好嘛，七个月不到，打得齐国七十多座城池都姓了燕。于是，分赃，完事后，四国军队都用大车载着金银宝贝，笑眯眯地回国去了。

眼下，只有莒城和即墨没有攻下，这两碟小菜，就留给苦主燕国人慢慢享用啦。有了七十多座城池的基数，大将军乐毅也不着急开打，下令原地休息。

已经姓燕的城池，废除了齐大王的暴政，减轻赋役，又为齐桓公和管仲二人设立祠堂，恢复祭祀，还四处求访隐逸的贤人，让他们出来做官，说白了，就是想用仁德感化这俩城的小老百姓，让他们乖乖地投降。

这俩城的小老百姓可不这么认为，您平白无故杀咱多少人呀，还想让咱投降，您就做梦吧。咱还指着这俩城反攻倒算哩，打死

名臣风骨

田单的“转会费”

田单一战成名后，身价倍涨，受封安平君，又被推举为相国，但田大人仍然生活朴素，不忘和百姓打成一片。关于田单的价格，有一个故事。有一年，早已将帅凋零的赵国想起来田单一人一城而救下齐国的故事，便来和齐国商量，送一笔“转会费”给齐国，让田单到赵国去效力，这笔转会费，就是大大小小加起来的五十七个城市。

不做亡国奴，就不买账，抱定主意死磕。

围城不久，即墨的守将就得病死了，军中一下子失去了主心骨，这可怎么办哪？于是，有人就推荐了一个人——田单，眼下，人家就在城里呐。那您凭什么就推荐他呀？这人就开始摆事实讲道理了——

首先，人家是咱们大王家的庶出宗亲，有智谋，懂兵法。先前，都怪咱大王昏聩，不用他，只让他在临淄市场上当个小管理员。这不，八九个月以前，这场暴乱的时候，侵略者攻打咱们临淄，城中小百姓都纷纷逃窜，他也和同族人一块儿逃跑哇。

结果，许多人都给堵在城门口，被侵略者杀了，就他和同族人毫发未损，逃到咱即墨城里了。为什么呀，因为他有先见之明啊，早早地把车轱辘两边，那两个只为显示身份、横七八叉的桩子给锯了，又用铁钉、铁皮给车子打了绑腿，不用说，跑起来机灵，不碍事，横冲直撞也没事。这就显示出人家有智谋，懂兵法，所以，咱就推荐他。

大伙儿一听，有理，于是拥立田单做了一把手，和大将军乐毅对着干。上任伊始，田单也不含糊，身体力行，与士兵们一同

### 野史秘闻

**燕王鞭太子**

乐毅打齐国，费了三年工夫还没打下莒城和即墨。燕太子听信谗言，向燕昭王告状说：乐毅是不想打了，而是想以恩德感化两地的齐国百姓，等齐民真归顺了，乐毅便可当上齐王。燕昭王一听，怒气冲冲，狠狠地鞭打了太子，并说："先王的仇是谁给咱们报的？乐毅之功，就是真做了齐王，也是应该的。"然后派使者去见乐毅，封乐毅为齐王。乐毅不敢受封，却更加尽心尽力地为燕国效劳。

操作，还把自己的亲属都编在守城的队伍中。城中的百姓一看，好人呐，都纷纷表示愿意效力。

就这样，两下里死磕三年，谁也不服谁。于是，乐大将军下令，解除包围，退后九里地，建立即墨大本营，城中百姓有出来砍柴的，听任他来往，不许擒拿；有贫困饥饿的，给他饭吃；寒冷无衣的，给他衣穿。一句话，凭咱跟燕大王二十八年的交情，这猫捉老鼠的游戏，咱就跟您玩儿定了。

再说田单这边，守城三年，眼看快顶不住了，回家一复习兵法，有收获，不能再硬碰硬了，便决定在燕国大后方打开缺口，一揽子解决围城的这件事。

恰巧这时候，燕大王因沉溺丹药之术，一命呜呼，太子乐资即了君位。田单派人一打听，新国君、大夫骑劫与乐大将军有过节，骑劫早有取而代之之心了。田单大喜，回头派人到燕国散布谣言：不好啦，乐大将军不把新君放在眼里，怕是想做齐王啊。

新君一听，心想，上次咱就为这事吃了老大王的二十板子，这次甭管是真是假，不许你在外面放散圈了，就写个纸条，派骑劫去取代乐毅，召他回国享福。

## 典故制度

**计赚两虎**

韩国与魏国互相打，秦王想介入，陈轸说：“卞庄子想刺老虎，有人劝他，说两头老虎在吃一头牛，必然会争起来。当它们打得不可开交时，您再上去，必定两头老虎都拿下。果然，两头老虎打了起来，强大的那头受伤了，弱小的那头死了。卞庄子趁机上去，刺死受伤的老虎。不但得到两头老虎，还得到了名声。韩魏相争，不就像是这两头老虎吗？”秦王觉得有道理，等韩魏两败俱伤时，秦国出兵，大获全胜。

这边，乐毅知道老大王死了，正为自己的前途担忧哩，一看，新君报仇来了，回家能有咱好果子吃吗？心一横，什么也不要了，抛妻别子，跑到赵国，寻求政治避难去了。

这边，骑劫走马上任，把乐毅的规划统统作废，毕竟早就瞧他不顺眼了。第三天，骑劫大手一挥，下令攻城，可是城中的老百姓也不含糊，死守，城就是攻不破。

喘口气，田单一想，反间计大大地奏效啊，大喜，决定再接再厉，于是又接连抛出五条计策，目的只有两个：第一，麻痹惊惧敌军；第二，激怒激励我军。

第一条，神师计。田单放出风声说，昨天夜里，我梦见一个神仙对我说，老天爷可怜咱们，很快就会派一个神师来帮助咱们复国了，暗地里就弄了个小兵，打扮得花里胡哨的，高高地供起来，城里老百姓又是欢喜又是害怕，早晚都来朝拜。燕军远远看见了，又是吃惊又是害怕，就想，人家有神人相助，这仗还打个什么劲儿，回家得了。

第二条，割鼻计。田单又派人放出风声说，那啥乐毅大将军太善良了，捉住齐国人都不肯杀掉，谁怕他呀，即墨城三年都没

### 野史秘闻

**相思之树**

宋国人韩凭，妻子何氏被宋康王霸占。何氏偷偷写信："其雨淫淫，河大水深，日出当心。"宋康王得到信，看不懂，有人解释说："其雨淫淫，是说忧愁而且思念。河大水深，是说不能互相往来。日出当心，是说心里有自杀的打算。"不久，两人分别自杀，何氏留下遗书，希望能合葬。宋康王大怒，故意让两人坟墓分离相望。不久，两人的坟头分别长出一棵树，两棵相抱，又有一对鸳鸯栖在树上。宋国人称之为"相思树"。

拿下，必然的嘛。如果将齐国的俘虏都割掉鼻子，再把他们放在队伍前，给齐国人提个醒儿，保管没几天，齐国人都得缴械投降。

骑劫一听，有理，于是将投降的士兵都削掉鼻子。即墨城里人一看，恨得咬牙切齿，哭着喊着誓死与即墨城共存亡。

第三条，掘坟计。田单又派人放出风声说，咱们亲属的坟墓都在城外，如果被燕国人掘了祖坟，那可就倒八辈子霉了。骑劫一听，相当配合，当即派人挖开城外的坟墓，见尸体就烧，见骸骨就乱扔一气。即墨人从城头上看见了，都哭得寻死觅活的，纷纷到田单这里请战，要为祖宗报仇。

第四条，弱兵计。田单见士气已经很高了，便挑选出五千名五大三粗的猛人藏起来，只让老弱病残的和妇女儿童三班倒守城。燕国大部队一看，都这德行了，还死撑干什么呀，都不把即墨人当回事了。

第五条，诈降计。田单又派代表来见骑劫，说，咱城里已经没有粮食了，劳驾您三天后允许我们开门投降。骑劫一听，大喜过望，对大家伙儿说，咱和乐毅那厮比怎么样啊？大家伙儿齐喊口号：您棒！

## 典故制度

**君子交绝，不出恶声**

君子即使与朋友绝交了，也不说对方坏话。这句话出自燕国大将乐毅。燕惠王听信谗言，怀疑乐毅，乐毅逃到赵国，之后燕国大败，燕王担心乐毅会率领赵军来报复燕国，派人跟乐毅服软，说将军你弃燕投赵，我能理解，但你怎么报答先王对将军的恩情呢？乐毅回复："古之君子，交绝不出恶声，忠臣之去也，不洁其名。"向燕王表明自己虽然含冤离开燕国，但不会把燕国当成敌人。

田单又收集到一些金银宝贝，让富贵的人家私下里送给燕军的头头脑脑，说，拜托您在咱投降的时候，给我们全家老小留条活路。头头脑脑们非常高兴，都给一面小旗，让他们插在门上，作为标记。

到这里，田单心想，可以发起反攻了，于是派人在城中暗暗地收集了一千多头耕牛，用红布做成披风，上面画着五色龙纹，给这些牛儿穿上，又把快刀绑在牛角上，把麻苇都浸上油，绑在牛尾上，像大扫帚一样拖在后面，并规定，这些都要在"约定投降"的前一天准备好。大家心里明白，这大概就是传说中的火牛敢死队了，都愿意配合。

田单又准备好酒肉，晚上让五千猛人饱食一顿，也用五彩涂了脸，都拿着鬼头大刀，让他们跟在牛后边，待会儿这么这么办。等一切准备妥当，田单让大家伙儿把城墙刨出几十个大洞，把牛从洞口赶出，然后把牛尾巴上的麻苇点着。不用说，火烧到牛尾，牛儿焦躁难耐，怒吼一声，就冲向敌营，五千猛人紧紧地跟在后面，掩杀过去。

这时候，燕兵都入了梦中，忽然听到有急驰的声音，从梦中

### 庙堂真相

**乐毅的结局**

乐毅是魏国大将乐羊——就是那个吃儿子肉的人的后代，他先是在赵国、魏国效力，燕昭王砌黄金台招纳天下能人时，乐毅加盟燕国。公元前284年，乐毅率五国联军，差点灭掉齐国，但因为燕国新王对他不信任，临阵换将，乐毅不敢再回燕国，就直接跑了，到老东家赵国去效力。后来燕王向他道歉，乐毅在燕、赵两国间充当和平使者，最后死于赵国。

惊起，火光下，就见无数花里胡哨的怪物飞奔而来，简直和白天神师预言的一模一样，妈呀，身上还长着刀子，碰见谁谁完蛋呀。不用说，火牛敢死队利刃所触之处，非死即伤，燕军大乱。

跟在后面的五千猛人闷声不响，见人就砍，有一千多头神牛打前锋，虽然只有五千人，但慌乱之中，就像有几万人一样。田单又亲自率领城中预备队呐喊着冲出来，老弱妇孺都敲锣击盆，响声惊天动地，燕军胆都被吓破了，脚都吓软了，自相践踏，死伤无数。

骑劫大人乘车落荒而逃，正遇上田单，被田单一戟刺死，燕军大败。即墨保卫战以齐军完胜而告终，同时也拉开了田单复国的序幕。

### 向历史借智慧

**小人物也可以有春天**

谁能料想得到，一个小小的市场管理员，有一天突然被推到拯救国家的位置上，并且立下奇功，后来又当上宰相，管理一国的事务。这就是因缘际会，没有什么不可能。所以，无论在什么工作岗位，每个人都要对自己有信心。

# 范雎复仇

魏国人范雎才华横溢，很想报效国家，但因为无法见到魏王，所以，只好先到魏王的大臣须贾手下做了门客。须贾没有识人之能，所以范雎只好继续充当门客。但范雎这样的人注定不能平凡，是金子，总会放光亮的。

当初，燕大王为报祖上之仇，命令乐毅率领五国军队，一同讨伐齐国，魏国也派兵参加了。等到田单大破燕军，恢复齐国社稷，齐襄王田法章即位，魏王怕他报复，就同相国魏齐商量，派须贾去齐国讲和修好。须贾知道范雎机灵，就带着他同行。

一见面，齐大王直撇嘴，说，你魏国假惺惺的，不值得信任。须大使一听，张口结舌。范雎机灵，接过话茬，中外古今，天上地下，成败兴亡一番忽悠。齐襄王一听，服气，魏国有人，咱接受讲和，这位是？范雎，好，好样的！

正式会晤结束后，齐襄王单独召见范雎，想听听他对天下大势的见解，并邀请他留在齐国，给官做，给财发，但被范雎一口

## 庙堂真相

**秦国“四贵”**

秦昭王能当国君，全靠母亲芈八子和舅舅魏冉。芈八子即著名的宣太后；宣太后同母异父弟弟魏冉，封穰侯，曾四次担任丞相；另一个弟弟芈戎，封华阳君；儿子公子悝，封高陵君；另一个儿子公子芾，封泾阳君。宣太后的这两个弟弟和两个儿子在秦国权势煊赫，合称“四贵”。由于专权跋扈，人心不附，范雎入秦后，帮助秦昭王亲政，“四贵”则全部被驱出都城而失势。

谢绝了。这更让齐襄王钦佩，于是赏了他大碗酒和大块肉，还有大量金银，但范雎也愣是不要。

不用说，这些事情，使团团长须贾也知道了，原来齐襄王跟范雎这么要好啊！所以他认为，肯定是范雎出卖了国家机密，然后才得到了齐王的酒肉。回到魏国后，他把这件事情告诉了宰相魏齐。魏齐和告密者一样，无法理解范雎受到的礼遇，于是把范雎捉起来，严刑拷打，要他承认是叛徒。范雎当然不会说谎，咬着牙拒绝被诬陷。魏齐暴跳如雷，让人用粗大的木棍把范雎打得肋骨断裂，又把范雎的牙齿打掉。范雎口吐鲜血，昏迷不醒。

魏齐不肯罢休，把范雎用草席卷起来丢到厕所里，然后叫人去厕所时把范雎当成小便器。半夜，范雎被热腾腾的尿液唤醒，他贿赂了看守，跑到朋友家里把伤养好，对着苍天发誓：此仇不报非君子。

范雎不是刺客，想要报仇，必须有所借助。他改名为张禄跑到秦国，历经千辛万苦终于见到了秦昭王。秦昭王和他相谈一番，被他的才华和遭遇震惊，拜他为相国。

复仇的第一步，范雎制订了东伐韩、魏的军事计划。魏国知

野史秘闻

**范雎谨慎**

范雎跟着秦王使者王稽入秦，在边境上遇到秦国丞相穰侯（魏冉）。范雎听说穰侯最讨厌各国来秦的说客，吓得躲在车里不敢出来。等穰侯走远后，范雎跟王稽说："我听说穰侯多疑，刚才他怀疑车里有人，但匆忙间忘了搜查，但他一定不会甘休，很快还会返回来搜查车子的。"于是弃车步行，果然，走了十多里路时，穰侯派骑兵追回来搜查，但范雎已不在车上。

道后，急忙派出须贾出使秦国。范雎听到这个消息后，把自己打扮成一个乞丐，偷偷地去魏国大使馆见须贾。

须贾一见，以为白日见鬼，但范雎告诉他，自己是人。须贾流下热泪，表示对当年的事情十分抱歉，然后留下复仇者范雎吃饭，临走时还给了他一件袍子。

当然，须贾不是无私奉献，他试探着问范雎在秦国要饭这么多年，是否认识秦国丞相张禄。范雎一口答应，说认识，然后就带着须贾来到了丞相府。

在进相府之后，须贾发现那些人见到范雎就回避，他很是惊异。范雎把他带到相舍门前，让他在那里等着，说自己进去通报。但须贾等了很久，也不见范雎出来。

须贾等得焦虑起来，就问看门的人，刚才那个乞丐怎么还不出来。看门人大为惊骇，说，那人就是我们的丞相张禄。

须贾暗暗叫苦，他知道欠别人的，终归要还。于是，他跪在地上，通过看门人向范雎请罪。范雎这才走出来，数落须贾当初的所作所为。当须贾在思考会受到如何折磨的时候，范雎突然指出，大家当初也是兄弟，而且，刚才你又给了我饭和袍子，所以，

### 庙堂真相

**远交近攻**

范雎整须贾的故事，看着似乎有点“小人得志、扬眉吐气”的味道，但范雎这个人，本事可远不止这一点点。著名的“远交近攻”战略就出自他之手，相当于为秦国指明了方向，大大加速了灭六国的进程。具体就是：和离得远的齐国、楚国交朋友，因为离得远，秦国和他们没冲突，因为是朋友，当秦国打别的国家时，他们就不会来坏事；对离得近的韩、魏、燕、赵，则使劲打，逐步消灭。

须贾吃下了几斗马料如果还不被噎死，就可以走。须贾强忍泪水吃完了马料，大恩不言谢。但复仇者范雎提醒他，你只是个小卒子，回去告诉魏王，如果不把魏齐的狗头拿来，秦军将血洗大梁城（魏国都城）。须贾回到魏国一学舌，魏王手足无措，魏齐已经先机而动，他跑到赵国，躲在平原君家里。但赵国也不想藏着这样一个炸弹，于是，在范雎的催逼下，魏齐“被自杀”了。

这就是范雎复仇的故事，它告诉我们，只要种下复仇的种子，它就会生根发芽。

## 向历史借智慧

**让别人活就是让自己活**

从前的人讲究“义”，有仇必报，当然，有恩也必报，他们都是快意恩仇的主。所以，轻易不要结下仇家，魏齐的下场就是例证。不妨多予人以恩，即便是小恩小惠，须贾的命运就是例证。作为罪魁祸首之一，须贾是生是死，全系于一件旧袍子，这真是应了一句话：让别人活，也就是让自己活。人，一定要多与人为善，而不要与人为恶。

## 学习笔记

# 第四章　最后的战争

秦国的最终胜利,可以说是后发优势的胜利:相对于其他大国,秦国在文化上最落后,但秦国无疑是最擅长利用人才、最擅长学习的国家。所以说,落后了不可怕,可怕的是不能迅速站起来。

公元前316年,秦国灭掉土地肥沃的蜀国,从此,正式成为一个大国。前307年,秦昭王承三代国王之余烈,开始对各国大动干戈,使中原各国战乱频仍。前238年,秦王嬴政掌权,扫除六国的舞台已经搭好。从前230年秦灭韩国起,到前221年秦灭齐国,只用了九年时间,中国被统一,战国时代结束。

# 赵奢大破秦军

秦、赵渑池会盟，暂时解除了秦国东边的心腹大患，秦大王大喜，可以一门心思和其他国家干仗了。转天，他就派大将军白起攻陷楚国都城——郢都，将它设为自家的南郡。随后，大将军魏冉又攻占了楚国的黔中，将它设置为自家的黔中郡。

紧接着，秦大王又派大将军白起率兵进攻魏国，直逼大梁城下，斩杀魏军四万多人，魏国只好献出三座城求和。没几天，秦大王又派客座大将军胡伤带兵二十万，攻打韩国，兵围阏与。韩王顶不住了，急忙派人向赵大王求援。

赵惠王一听，头疼，就和大家伙儿商议，救还是不救啊？蔺相如、廉颇、乐乘都说，阏与通向咱们赵国的道路狭窄险要，不好救啊。平原君赵胜说，唇亡齿寒，韩国玩完，下一个就是咱们啦，必须得救啊。

只有赵奢在一旁沉默着，不说话。

赵大王看出了苗头，下班后单独接待了他。赵奢说，阏与通

---

**庙堂真相**

**遵纪守法就是爱自己**

赵奢曾经做过税官。平原君的手下仗势欺人，不肯交田租，赵奢就以抗租的罪名把他们逮捕起来，砍了九个人的头。平原君很生气，把赵奢抓起来，也要砍他的头。赵奢说，您身为赵国贵族，却无视法律、纵容手下抗租，这样下去，法律就会消亡，国家也会因此削弱，外强就会来欺负赵国。如果赵国因此而没了，您还能做贵族吗？所以今天您遵纪守法，正是爱您自己啊。说得平原君羞愧不已，赶紧把赵奢推荐给赵王。

咱们赵国的道路狭窄险要，这不假，不过咱认为，在这种犄角旮旯里打架，就像两只老鼠在洞中打架一样，勇敢的就能取胜。“狭路相逢勇者胜”，就是打这里来的哦。

赵大王一听，有理，自己也倾向于帮助哥们儿韩大王，于是拨给赵奢五万人马，让他去救韩国。大军出邯郸东门三十里，赵奢传令修筑壁垒，安营扎寨。安排好以后，又传令：有擅自议论军情的，杀！于是关闭营门休息，军中一片肃然。

没多大工夫，有一个军吏前来报告，不好啦，韩国兄弟苦啊，秦军在阏与城外擂鼓呐喊，把阏与城中屋顶上的瓦都震得乱动啊，咱们大将军为什么不出发呀？赵奢一听大怒，将这人斩首示众。接着，一待二十八天，不动窝，每天只是派人挖沟修垒，吃饭睡觉。

秦国客座大将军胡伤一听，就派人前来探听真假。探子回报，嗯，是有这么回事。胡伤心想，有鬼，就派亲信来见赵奢。秦军使者笑眯眯地对赵奢说，咱们大将军太想和您过过招啦，阏与早晚会玩完，您再不去，就没机会啦。

赵奢也笑眯眯地说，没关系，咱在这里挖沟修垒，只是为了保卫祖国，咱可不想和胡大将军过招。又准备酒食款待使者，并

## 社会风情

### “十仞之城”大梁

战国时，为争霸中原，魏国的第三位君主魏惠王于公元前339年将都城从安邑迁往大梁，在此建城筑宫，从此魏也称梁。惠王又称梁惠王，孟子见梁惠王的这段历史就是发生在这里。大梁地处天下中心，西距东周王都洛阳很近，经过六代君王一百三十多年的修葺经营，规模宏大，壮丽雄伟。而且由于战争的需要，大梁城修得如同铁铸的一样，史书中称其为“十仞之城”。

和他一起视察壁垒和壕沟。使者回去一汇报，胡伤大喜，一门心思地攻打阏与。

打发走秦军使者后，大约过了三四天，估计他已经回到军营了，赵奢就选出一万名善射的士兵做先遣队，大军跟在后面，目标：阏与。先遣队卷甲衔枚，昼夜兼程，两天一夜就赶到韩国边境，离阏与城十五里扎下军营，有了落脚点，没过一天，赵奢带着大部队也到了。

胡伤一看，赶紧派人点一半兵马过来，准备迎战。喘口气，赵奢开始调兵遣将。正在这时候，军士许历手里拿着木牌牌，上面写着“特来请死”，跪在营前，要见大将军赵奢。赵奢一看，感到奇怪，就让他进来。见了面，赵奢就问，怎么回事啊，不想活了？

许历说：秦国人一定气坏了，大将军您一定要列成厚阵，否则，咱怕抵不住野蛮人的冲击啊。赵奢说：有道理！就传令军中列成厚阵，严阵以待。许历又说：《兵法》上讲，得地利者胜，阏与周围的地势，只有北山最高，但秦将却不知道占领，这是留给将军您的呀。

## 庙堂真相

**相聚而攻秦者，以己欲富贵耳**

秦国势力太强，其他诸国准备联合起来，成立合纵联盟，共同对抗秦国。秦王很担心，丞相范睢说：“大王不用担心，这些人鼓噪着要联合进攻秦国，并不是他们跟秦国有仇，不过是想满足个人的富贵欲望而已。您看大王养的这些狗，坐的坐、卧的卧、站的站，都规规矩矩的，互不干扰，然而，只要扔一根肉骨头过去，它们马上就争抢起来！”于是派人去各国许以好处，合纵军果然不战而散。

赵奢说：有道理！就让许历带兵一万去占据北山，秦兵的行动一目了然，都一一报告赵奢大将军。胡伤一看，赵军不讲信用不说，还摸个高处窥探咱的隐私，气得直冒鬼火，就引兵来夺北山制高点。怎奈山势崎岖，易守难攻，只有几个胆大的秦兵爬上来，也被赵军扔石头打伤了。

胡伤咆哮大怒，指挥军士和众将寻找道路。正在此时，忽然听到鼓声大振，赵奢带领大军杀到，胡伤分兵拒敌。赵奢把一万名弓箭手分成两队，左右各五千人，向秦军乱箭齐发，一时间，秦军死伤无数。

这时候，许历也带着一万人趁势从山顶上杀下来，喊声如雷，前后夹攻，如同天崩地裂一样，杀得秦军没处躲藏，大败而逃。胡伤被马甩在地上，差点被赵兵捉住，多亏手下人赶到，拼命将他救了出来。

赵奢追赶五十里，秦兵无法立足，不能扎寨，只好放弃阏与，向西逃跑。阏与的包围解除了，韩王亲自出城犒劳赵军，写信感谢赵王。

回国后，赵大王封赵奢为马服君，职位与蔺相如、廉颇相当。

## 向历史借智慧

**沉默是金**

这场仗是打得漂亮，就是可惜了前来报告军情因而被斩的那个无名小兵，明明是当了一回“托”，以自己的性命为赵将军的好戏大大增加了可信度，死了连个名字也没留下来，也没人替他惋惜，这样的死，真不值！历史上类似的事情可不少见，生活残酷呀，所以说：沉默是金！当不是很了解领导真实的心思究竟是什么时，一定要少说话，少做出头的椽子，免得给自己招来无妄之灾。

# 长平之战

秦大王想东进很久了，韩国是块绊脚石，于是秦军开打，野王城转眼拿下，上党郡与都城道路断绝，韩国上下一片恐慌。献出上党求和吧？不，上党郡的长官冯亭不这么想，他派代表向赵大王请降，认您做大哥，咱愿意。

赵大王大喜，欣然接受。大家伙儿说，烫手的山芋，还是不要吧。赵大王呸一声说，不要白不要。秦大王一看，明明我种的地，您来收什么庄稼啊？就问大家伙儿，怎么办哪？大伙说，打呗，迟早要打的，眼下，就他赵大王敢与您叫板了。于是，秦军大部队出发，先打打上党郡。

冯亭吃打不住，向赵大王求援，赵大王这才磨磨叽叽地命大将军廉颇带队出发。大部队刚到长平，俩冤家对头遇上了，一边是大将军廉颇，一边是中不溜的将军王龁。一场遭遇战，赵军偏将赵茄被杀，赵军小败，秦军小胜。

王龁带的兵多，士气正旺，想速战速决，廉颇带的兵少，士

庙堂真相

**上党之争**

冯亭献上党，赵孝成王询赵豹，赵豹回：“无缘无故的好处，必是大祸害。”又问平原君和赵禹，两人回答：“百万大军出征，苦干一年也得不到一座城，如今白白得到十七座城邑，这么大的便宜，不捡白不捡！”赵孝成王也觉得，是自己“仁政爱民”，所以天下百姓归心，主动来投靠，于是接受了上党，因而有了两年后的“长平之战”。

气一般，想固守待疲。王大人一看，补给线太长，拖下去迟早得死，屡次挑战。廉大人一看，就是想拖死您，于是高挂免战牌：有胆敢应战的，虽胜犹斩。

王大人急了，断他的饮水。廉大人一看，笑一笑，早就挖沟蓄好水了。前方不急后方急，赵大王听说廉将军连失三城，折兵数千，就派人来催促，说您出战吧。廉颇笑一笑，不，再等等。

转眼间，四个月过去了，王大人实在没辙了，回去向秦大王汇报，很郁闷。二把手范雎笑一笑说，不急，有办法，看我的。看什么呢？秘密，不能够说的，回头便知。

转天，赵国军政界就有流言蜚语啦：不好了，廉大人老啦，不中用啦，太保守，会拖死咱赵国的呀，人家王龁怕的是马服君赵括呀。赵大王一听，嗯，有道理，是该换人了，大手一挥，找来赵括，笑眯眯地说，赵将军，上吧，该你了，年轻有为，不要让大家伙儿失望。

马服君赵括一听，心想，身为虎门之子，等了十多年，才等来一次干大事的机会，顿时哈哈大笑，眉飞色舞，撇撇嘴说，没问题，不会让您失望的，王龁，小菜一碟，说心里话，白起，还

### 典故制度

**利令智昏**

“利令智昏”一词出自《史记》，是司马迁对于这一事情的评论，赵国接受上党郡的投降，结果导致了“长平之战”，赵国国力倒退，从而一蹶不振。“利令智昏”，就是看到利益，心智发昏，即被利益冲昏了头脑的意思。民间又有俗谚，“只见贼吃香喝辣，不见贼挨打”，与此有相通之处。

值得咱费费心思。

于是，赵括兴高采烈地回去和家人道别。老母亲一看，心想，坏了，就说，你爸爸告诫你的话，你忘了吗？赵括撇撇嘴说，不是咱不想推辞，怎奈朝中没人能比得上咱呀，为君分忧，必须的呀。老母亲一听，麻烦大了，就来向赵大王告饶，还是让儿子在家里待着比较好。

赵大王一听，不乐意了，大家伙看好他呀，您是怕他因公殉职？老母亲一听，得，听天由命，就说，大王不听我的劝告，若是兵败，请不要连累我们一家。赵王哈哈大笑，没问题，我们一起祝他一路走好，拜拜。

于是，赵括就率领新添的大部队出发，目标是接替老迈的廉大人。廉大人一看，好，将门出虎子，后生可畏，老听别人提起您，说您深谙兵法，不明白您爸爸为什么不看好您。好了，您家的家务事，不好问得太细，好好干，锻炼锻炼，多为国家出力。于是，两下里交接妥了，赵将军带兵御敌，廉大人回家养老。

秦大王一看，计策成功，大喜，闷声不响将白起调往前线，王龁就给他打下手，当新闻发言人喽。秦大王心想，小样，看这

庙堂真相

**做什么都需要专业人士**

赵孝成王想买马，有人问："为什么不派建信君去？"赵王答："不懂相马。""为什么不派纪姬去？"赵王答："纪姬也不懂相马。""那买了好马，对国家有什么好处吗？"答："没什么好处。""那么买了不好的马，有什么危害吗？"答："也没有什么危害。"于是，终极问题来了："马好或马坏，对国家都无关紧要，大王却一定要专业人士去办；然而一国之大事，您却交给建信君，这是为什么？"赵王无言以对。

回整不死你。

赵括上任伊始，大刀阔斧，军垒，合并；各级将领，换成咱的人；免战，取消。佐将冯亭一看，不好，就劝，还是坚壁清野比较好吧？赵大将军大怒，少废话，一边儿去。

大将军白起一听，乐了，是该陪这个娃娃玩玩了，第一次交手，不知道他拳法的套路，嗯，先摸摸底再说。于是下令，三千小兵出营挑战。赵括一看，来的好，出兵一万，打去吧你就。不用说，秦军大败而逃。

哦，是这么个套路啊，白大将军大喜，回头对王龁说，这娃娃既然这么不把咱们放在眼里，那咱就知道怎么办了，保管让他死无葬身之地。话没说完哩，赵大将军的战书已到。白起一看，哈哈大笑，来的好，应战。

当下，白起开始调兵遣将，派将军王贲、王陵率一万人马列阵，与赵括轮番交战，只能输不能赢，引得赵军来攻秦军营垒，便算立功。再派大将司马错、司马梗二人，各领兵一万五千人马，从边道绕到赵军营地的后面，断绝运粮道路。又遣大将胡伤率兵两万人，驻扎在附近，只等赵军打开营垒出来追逐秦军时，立刻杀出，

庙堂真相

**纸上谈兵**

赵括是赵国名将赵奢的儿子，据说他熟读兵法，和父亲谈起带兵打仗的事情来，头头是道，父亲都说不过他。但赵奢仍是不信任这个儿子，他死前留下遗言，不能让这小子为将，否则赵国定会遭殃。父亲不信任赵括，另一重臣蔺相如也阻止赵王使用赵括，说他只会读兵书，不会灵活变通。长平一战，赵国精锐部队尽失，赵括身死名裂，被视为“纸上谈兵”的典型。

将赵军截为两段。又遣大将蒙骜、王翦各率轻装骑兵五千，负责接应。

分拨停当，白起与王龁坚守大本营，坐镇指挥。白大将军暗暗地这样安排，赵大将军怎么应对的呢？哈哈哈，明日必胜，杀牛宰羊，犒劳三军。

第二天，一接站，赵大将军非常配合，大将军白起让咱怎么办，咱就怎么办。结果是，赵大将军的主力被断了回营的归路，被迫在半道上安营扎寨。

不到晚上，各路消息汇总过来：粮道被断，求援的道路被断，后路被截断，人家正在悬赏咱赵某人的人头。最要命的是：敌营中坐镇指挥的，正是臆想中的死对头——白起。

不用说，到这里，赵大将军才知道自己有几斤几两，能吃几碗干饭了，说他心里一点也没有不祥的预感，那是鬼话。

怎么办？！怎么办？！怎么办？！还能怎么办，听天由命，咬牙死守吧。一守四十六天，军中无粮无水，士卒自相残杀而食，谁能禁止得了？！惨啦。

不知道是饿得发狂，还是恨得发狂，第四十七天，赵大将军

典故制度

**交浅而言深**

冯忌给赵王讲了一个故事，说："我有个朋友，介绍一个人给服子。我问服子，服子说：'那人看着我笑，这是轻慢；谈论道理，不称颂老师，这是背叛；和他交情浅薄却深谈，这是惑乱。'我的朋友则说：'望人而笑，这是和颜悦色；说话不称颂老师，因为是随便说话，不必尊师；交情浅薄却深谈，这是忠诚恳切。'"这就是"交浅而言深"的出处。由此也可得到一个启发：你觉得别人怎么看你，其实取决于你怎么看别人。

一咬牙，突围。结果，打哪儿，哪儿箭飞如雨，落脚的地方都没有。不得已，再次眼睁睁看着——士卒们自相残杀而食。

又三十天过去了，赵大将军实在忍不住了，一咬牙，挑选了壮士五千人，人马都穿数重铠甲，赵大将军一马当先，再来突围，这次倒是杀入了敌军营垒，怎奈人家以逸待劳，不消说，赵大将军和壮士五千人都死于乱军之中了。

回头，赵大将军的人头一挑在竹竿上，赵军两处大营降声一片，弃兵解甲，跪伏在地，高呼“万岁”。 这回，反倒该胜利者白大将军和王大人发愁了，四十万降军？！会不会反？反了怎么办？！

怎么办？！一个“杀”字，就结束了。长平一战后，赵国一蹶不振，三十二年后，秦灭赵国。呜呼，哀哉！

## 向历史借智慧

**年轻人的弱点**

“不听老人言，吃亏在眼前”，老人们不信任年轻人，总以为小子们嘴上没毛、办事不牢，没吃过苦头就不知道天高地厚；年轻人也看不上老人，总以为老头们怯懦、保守，就会算计、没血性，眼睛只盯着身前三分地。公正地说，各有各的道理，但人生的路，都是要靠自己去闯的，否则，年轻人就只能停留在“纸上谈兵”。

# 白起之死

长平一战，秦军大获全胜，白起白大将军一夜之间坑杀四十万赵军降卒，只放了二百四十个少年回赵国做种子，这无异于在长平投放了一颗原子弹，国际社会噤若寒蝉，一片凄风苦雨。

核弹的硝烟未散，上党十七城举手投降，白大将军再接再厉，下令继续前进，目标是赵大王的老巢——都城邯郸。

此刻，邯郸城里在干什么？赵国的残山剩水里的子民在干什么？举国发丧呗。子哭父、父哭子、兄哭弟、弟哭兄、祖哭孙、妻哭夫，号哭之声，彻夜不绝。光哭不行，眼下，敌人即将兵临城下，不想做亡国奴的，就不得不抽空思考另一件事情：如何御敌？

赵大王眼放绿光，几乎是诘问大家伙儿，怎么办？！怎么办？！怎么办？！谁能御敌！？谁能御敌！？没有人回答，一个也没有。

平原君委委顿顿回到家，问遍门客，依旧没有人回答，一个也没有。

**庙堂真相**

**武安君是不祥之号**

武安君，顾名思义，就是“以武安国”的能人，往往是封给武将的，但也有例外，曾经炙手可热的国际大名人苏秦，就受封过武安君。但包括苏秦在内，受封武安君的人常常不得好死：秦国将军白起，被秦王逼得自杀了；苏秦，在齐国被刺杀，死后又被五马分尸；赵国将军李牧，被自己人杀死。看来以武安国，不如以德服人呀。

恰巧，社会活动家、纵横事业专家苏代先生，这时候正在平原君府上串门，就自告奋勇，说：我试试看。转天，他带着金银宝贝来见秦大王的红人——政坛巨擘范雎。

两个人的履历半斤八两，智商都不低，谁也甭客气。苏先生说，我此行不是捅您硬伤的，只是提示一下您的疏漏之处，旁观者清嘛！您的处境不太妙啊。

此话怎讲啊？苏先生就说了，您想想啊，武安君白大将军的功劳大得不能再大了，这要再把邯郸打下了，换句话说，这要再把赵国灭了，您的位子不就是他的了吗？如果不出意外，您还有养老的地儿；如果事有不巧，您恐怕连养老的地儿也没有啦！

范雎大人一听，哈哈大笑，连说您真风趣，您真风趣，手一伸，请请请，喝酒喝酒。第二天，范雎大人来见秦大王，小心翼翼地说，您看噢，咱们英勇的军队出征三年未归啦，是不是先让他们回来看看老婆孩子？

秦大王眉开眼笑，说，先生您看着办吧。于是，转天，白大将军就收到一纸圣谕：韩赵两国已经献城求和啦，大将军您就和英勇的战士们先回来休息吧。

### 野史秘闻

**欲望的发展史**

魏国公子牟在秦国游历，丞相范雎向他请教，公子牟说："夫贵不与富期，而富至；富不与梁肉期，而梁肉至；梁肉不与骄奢期，而骄奢至；骄奢不与死亡期，而死亡至。累世以前，坐此者多矣。"一个人，地位尊贵了，不追求富有，富有也会到来；富有了，不追求美味佳肴，美味佳肴也会到来；享受了美味佳肴，不追求骄奢，骄奢也会到来；骄奢了，不求死亡，死亡也会到来。世世代代，因此而败亡的，实在太多了。

白大将军一看，大怒，跺脚叫道：邯郸疲敝，指日可下，今日一去，容它喘息了，来日再取，谈何容易？十年之功，毁于一旦呀！嗯，颇有点后世传说中岳飞收到十二道金牌的味道。

不撤军不行，从前商鞅大人严酷的军法还在，什么将在外，都是扯淡，还是乖乖地撤吧。

一路上，白大将军都在愤愤不平，哼，肯定是范雎那个老东西在背后捣鬼，回头再找他算账。于是，打这以后，白大将军和范雎大人就结下了梁子。

回到家里，白大将军气儿就壮了，气呼呼地向秦大王这么一汇报，邯郸疲敝，本来是指日可下的呀。秦大王一听，非常后悔，哎呀，大将军，您为什么不早说哩！当即下令，再以大将军白起为帅，再打邯郸。

白起一听，气得差点儿吐血，摸着脑门说，大王，不瞒您说，我这回来的一路上，感染了风寒，需要静养一段时间，啥时候好？没准。要不，您——？秦大王明白了，于是，他改命王陵为大将，再打邯郸。

没几天，战报回来了，王陵大将军不是廉颇老将军的对手，

### 典故制度

**呆若木鸡**

齐宣王是一位斗鸡迷，他聘请专家纪渻子帮他驯鸡。驯练完成后，对手的鸡又叫又跳，而纪渻子驯好的鸡却像只木鸡，一点反应也没有，别的鸡看到它呆头呆脑的样子，竟然都被吓跑了。因此，齐王用这只鸡和别人斗，场场获胜。这就是“呆若木鸡”的典故。这个成语本是褒义，有大智若愚的意思，但是传到后世，却用来形容人因恐惧或惊讶而发愣。

屡战屡败。这时候，白大将军的病已经痊愈，于是秦大王有意让他去替代王陵。

白起大将军叹了一口气说：时不再来呀，眼下，这来来回回一折腾，已经一年多了，邯郸人民已经缓过气儿来啦，同仇敌忾啦，这仗没法打啦。

秦大王一听，鬼火直冒，喝道，你说不去就不去啊，还想不想混了？白起大将军一看，不好，行行，让咱再考虑考虑。第二天，白起躲在将军府不露面，派人向秦大王请假，又病了。

秦大王一看，是我态度不好，就让范雎去请白大将军报效祖国。白大将军一看，去死吧，你这个阴谋家，白眼狼，别假惺惺的啦，面也不见，得传染病啦，危险。

巨擘范雎大人就空手回来向秦大王汇报。秦大王说，依您看，他是真病了吗？范雎大人笑一笑，说，大将军是不是真病了，咱不清楚，但他撂挑子的态度，咱是看出来了。

秦大王一听，又是鬼火直冒，骂道：没有他白起，地球还不转了？于是，下令增兵十万，命王龁去替代王陵，下令一举拿下廉颇。

## 典故制度

**尺有所短，寸有所长**

这句话出自《史记》，说的就是白起和王翦二人：白起精于算计，能随机应变，计谋无穷，声震天下，然而面对范雎给他的陷害，却毫无办法；王翦身为秦将，平定六国，是当时的元老将军，秦始皇尊他为师，可他不能辅佐秦始皇建立德政，巩固国家的根基，却苟且迎合，取悦始皇，直至死去，后来他的孙子王离成了项羽的俘虏。因此司马迁感叹“尺有所短，寸有所长”。后世用这句话来比喻人或事物各有其长处和短处。

没想到，王大将军也不顶事，五个月下来，邯郸城岿然不动。白大将军听说后，冷笑，直撇嘴，我说什么来着？机不可失，失不再来，现在谁去也不顶事。

麻烦来了，没想到，自己家的门客也有和老范家的门客有交情的，就把这番话向大家伙一学舌。范雎一听，心说，白大将军，您这是自取其辱啊，就别怨咱不仗义了，回头将这话向秦大王做了汇报。

连吃败仗，秦大王本来心里就不痛快，一听这话，大怒。秦大王一发怒，后果很严重，白大将军被削封号，贬为平民，到阴密养老去，立刻滚出咸阳城，一分钟也不许磨蹭。

白起叹道：狡兔死，走狗烹，走吧。于是出咸阳西门，来到杜邮暂歇，等待行李。这时候，范雎一想，斩草除根，一揽子解决得了，于是又在秦大王面前参一本：他会不会投奔友邦去啊？

秦大王一听，吓一大跳，赶忙让人给白大将军捎去一把宝剑。白大将军一看，全明白了，持剑在手，叹一口气说：唉，咱死有余辜啊，谁叫咱一夜之间杀掉四十万降卒呀！于是咔嚓一下，把自己玩完了。

## 向历史借智慧

### 有人的地方就有江湖

很多人觉得，白起之死是咎由自取，谁让他杀人太多！粗略统计一下，白起在战场上杀死的人，竟然达到一百万之多。但白起的死，并不是因为这种“因果报应”，而是死于政治权力斗争。所谓高处不胜寒，一个人地位越高，他在享受好处的同时，也就会越危险，因为越高的地位盯着的人就越多。他一是遇上了范雎这样心胸狭隘的人，二是遇上了秦昭襄王，这也是个好杀的主，所以白起只有死路一条。

# 窃符救赵

白起大将军自杀了，邯郸打了两三年没打下来，秦大王能不暴跳如雷吗？一咬牙，他又派精兵五万去帮大将军王龁，不打下邯郸，誓不为人。

赵大王一看这架势，心惊肉跳，慌慌张张派遣使者分头向各国求援。忙了一圈，合纵连横的利害谁都懂，就不帮忙，不敢摸老虎屁股啊。楚国出点兵吧，屯在边境线上，不敢拢身，观望中。

实在没辙了，赵大王找亲戚魏大王哭诉，魏大王心一软，就派遣大将晋鄙率十万人马来救赵国。秦大王一看，哟嗬，有种，一瞪眼，谁上来打谁。魏大王害怕了，找人给晋鄙带话，别鲁莽，沉住气！于是，晋鄙将大部队驻扎在邺下，观望中。

平原君一看，都气晕了，派人给信陵君捎一封信，说，太不够朋友了，您不打算交咱这个朋友就算了，您就不能为您的姐姐考虑考虑吗？原来，信陵君的姐姐是平原君的夫人。

信陵君一看，急了，来求魏大王，一次二次三次，魏大王死

## 庙堂真相

**信陵君不懂藏拙**

战国四公子之信陵君魏无忌，耳目众多、消息灵通。有一回，他和魏王在下棋，有人来报告魏王，说赵国兵马耸动，看样子是要来攻打魏国了。魏王吓了一跳，信陵君轻描淡写地说了句，这是赵王出来打猎呢。不久又有人回报，果然是赵王在打猎。魏王大惊，这信陵君比我当国君的还厉害？从此，魏王开始提防信陵君。“窃符救赵”之后，信陵君流亡赵国，当再次回到魏国后，被魏王毒死（也有说法是伤于酒色而死）。

活不答应。信陵君心想，好吧，事已至此，那咱就舍命陪君子吧，一咬牙，准备了一百多辆马车，四处邀约宾客，准备开赴邯郸前线，以身赴难。

队伍经过夷门，信陵君与老朋友侯生辞别。侯生说，哦好，您保重，我已经老啦，不能一同出力，请不要见怪。信陵君一听，心说，哟嗬，真够朋友，还有什么好说的咧，走吧，继续赶路。

走了十多里路，信陵君一想，不对，侯生不应该是这样的人，是不是有什么话不方便说呀？于是让宾客们都停下，等他一等，他独自驾着一辆车回去，准备向侯生讨个说法。

回到夷门，果然就见侯生笑眯眯地候着，在等他的样子。见了面，侯生开口就说，公子养门客几十年，没有听说过门客给您献出一条妙计，眼下，只会一味跟着公子去赴死，实在是匹夫之勇啊。

信陵君一听，苦着脸说，咱是实在没辙了呀。侯生说，不急，先坐下，容我慢慢为您谋划。说完，两个人见礼坐下，侯生就说了，您看噢，咱听说，如姬非常受大王的宠爱，而您对如姬又有大恩，她早就愿意以死报答您了。咱又听说，大王的兵符，就放在他卧

## 典故制度

**毕万昌大**

春秋时，晋献公灭掉魏，把魏地赐给大臣毕万。管占卜的大夫卜偃说："毕万之后必大。万，盈数也；魏，大也（同'巍'），现在把魏地赏给毕万，是天意要启发他的后代，使其昌大。"后来，毕万的后代果然建立了战国时的魏国。后世"毕万昌大"就成为祝福的美好词汇，比喻某人后辈将会发扬家族，繁盛昌大。

房里面，只有如姬才能够……这么这么一番推理。

信陵君恍然大悟，再拜称谢，回头让众宾客留在郊外屯扎，独自驾车回到家里，找到一个与自己交情很深的内侍颜恩，这么这么一请托，让他暗地里转告如姬。

如姬听说后，泪流满面，心想，公子好不容易求咱办点事，就算赴汤蹈火，也不敢推辞啊。当天夜里，如姬将魏大王灌得大醉，兵符到手，用手帕包好，交给颜恩，颜恩又转交给了信陵君。

信陵君得到兵符，就去与侯生辞行。侯生皱着眉头说，将在外，君命有所不受啊。您到了那里，即使有这个兵符，咱恐怕晋鄙大将军也会怀疑呀。没关系，有办法，于是将自己的朋友、猛人朱亥介绍给信陵君，让他为信陵君保驾护航。

信陵君一听，不觉落泪。侯生说，您害怕了？信陵君说，不是，晋鄙老将军本来无罪，倘若他一时糊涂……我是为这个不好受。一席话，几个人都叹气。

没多大工夫，朱亥的家里都安排好了，两个人出城和门客会合，开拔，继续前进。一彪人马来到邺下，见到晋鄙。信陵君取出兵符，说：大王心疼老将军啦，特派遣我来代劳。

### 野史秘闻

**由来只见新人笑**

魏王与宠臣龙阳君钓鱼，龙阳君突然哭起来，魏王问他原因，龙阳君说："我为我所钓到的鱼而哭啊！我开始钓到鱼的时候，很高兴；后来钓到更大的鱼，便只想把以前钓到的鱼扔掉。如今我有幸侍奉在大王的左右，大臣们都趋附我，人们都让着我。但是想到天下美人那么多，某天我就成了最初钓的鱼，而被扔掉，我怎么能不流泪呢？"——其实人之喜好，大致上都是这样啊，喜新厌旧，遇到更好的，就会放弃之前热爱的。

晋鄙接兵符在手里，心想，大王将十万人马交付给咱，咱虽然才疏学浅，但也没什么罪过，眼下，大王没有只言片语给咱，却冒出个信陵君来接替咱，这兵荒马乱的，有点儿可疑呀。准备回头派个心腹人回去，找魏大王核实这事再说。

信陵君一看，晋鄙找托词了，当时头就大了，不禁悲从中来呀……眼角一瞥朱亥，朱亥厉声呵斥道：反了你了！晋鄙刚问一句：你是什么人？只见朱亥从袖中抽出一只四十斤重的铁锤，朝着晋鄙当头就是一下，晋大将军顿时脑浆四溅，气绝身亡。

信陵君抹一抹眼泪，手握兵符，对众将喝道：大王有命，让咱来接替晋将军，发兵救赵，晋将军不服军法，现已处死。三军将士不得轻举妄动！顿时，军营中一片肃静。

再说，三天以后，魏大王发现兵符丢了，顿时大怒，逮着如姬、颜恩和大家伙儿一顿拷打，可谁都不承认。魏大王一想，肯定是信陵君捣的鬼，他家里鸡鸣狗盗的人多，偷兵符，这是诛灭九族的罪行。回头找信陵君，哪里有个人影，当下派卫庆去追。

等到卫庆追到邺下，信陵君已经杀了晋鄙，统率军队开拔了。信陵君说，你既然已到了这里，就等咱攻破了秦军以后，再回去

名臣风骨

**唐雎教信陵君**

信陵君“窃符救赵”，对赵国有大恩，赵孝成王亲自到郊外迎接他。唐雎对信陵君说：“人之憎我也，不可不知也；吾憎人也，不可得而知也。人之有德于我也，不可忘也；吾有德于人也，不可不忘也。” ——别人憎恨我，我不能不知道（可以免祸）；我憎恶别人，不可以让别人知道（可以少是非）；别人对我有恩，不可以忘记；我对别人有恩，不可以不忘记。其实是提醒信陵君不可居功自傲。信陵君深以为然。

向大王禀告吧。卫庆只得悄悄派人先回去向魏王汇报，自己就留在了军中，以观动静。

信陵君先犒劳了三军，接着下令："父子都在军中的，父亲回去；兄弟都在军中的，哥哥回去；独子无兄弟的，都回去奉养父母；有疾病的，留在军中医治。"就这样，得到精兵约八万人，编制整齐，申明军法，开拔，目标：秦军大营。

没一天工夫，大部队望见了秦军大营的影子。

信陵君热血翻腾，下令出击，他身先士卒，率领众宾客直冲过去。王龁做梦也没有料到，魏兵有这么大胆子，只好仓促应战。平原君也开城接应，三支人马大战了一场，王龁损兵一半，逃回汾水大营。

就这样，邯郸之围解除。信陵君心里门儿清，自己得罪了魏大王，是不敢回国了，就将兵符交给卫庆，让他率军回国，自己则留在了赵国，过起了流亡生活。

## 向历史借智慧

**如果信陵君不回头**

侯生明明有好想法，却不主动跟信陵君说，非得信陵君走到半路了，又亲自回去请教，侯生才肯开金口。如果信陵君不回头，那一群门客岂不就是白死了吗？！其实，侯生要的是一种被尊重的感觉，既然这么看重我，那么这样大的事情，你就得主动问问我的意见；如果不问，那就是你自己的过错。因此在社交中，不要忽略任何人，让每个人都能感觉到你在关注他，这是最高境界，往往会收效奇大。

# 李牧之死

战国四大名将：白起，王翦，廉颇，李牧。这里单说李牧。李牧的生平是这样的，祖籍赵国，嬴姓，李氏，大约出生于武将世家，很早就带兵打仗。

俗话说，胜败乃兵家常事，但是，这话搁李牧身上不管用，人家带兵打仗，大大小小历经数十战，压根儿就没吃过一次败仗，要么是坚城拒守，只要打定主意出战，准赢。

李牧军事生涯的前半段，主要是和匈奴干仗。匈奴人多不可一世啊，人长得生猛，架猎鹰，挽雕弓，高头大马，鬼头弯刀，见人就杀，见物就抢，有肉吃肉，无肉吃人。春秋战国时期，中原北边的诸侯国，谁不怕他们呀？但是人家李牧就不怕。

对付匈奴，李牧有他的一套方法。为了一揽子解决赵国的边患——匈奴，人家韬光养晦十多年，先示弱，背地里蔫不唧地操练人马，完善预警机制，匈奴一来，咱坚壁清野，最后时机成熟，诱敌围歼，一天工夫，将匈奴主力——十万骑兵解决掉了，结果是，

庙堂真相

千万不要得罪小人

宁可得罪君子，不要得罪小人，这是历史的经验。但如果大家都不敢得罪小人，那不就是小人活得最滋润、好人反而要被人欺了吗？郭开就是小人一个：大将军廉颇退休在家，赵王想重新起用他，派人去考察，廉颇在来人面前竭力表现自己宝刀未老，但郭开从中搞鬼，告诉赵王说，廉颇饭量还不错，但一顿饭的工夫连上了三趟厕所。于是廉颇不被起用。随后，他又害死李牧。

在随后的十多年间，匈奴都不敢来赵国边境“旅游观光”了。

不用说，有了这样的功劳，李牧在国际军事界脱颖而出，于是迎来了他军事生涯的后半段，和燕国干，和秦国干，战果如何？一句话，攻无不克，战无不胜。

赵王迁继位后，赵国已经是明日黄花啦。眼下，距离毁灭性战役——长平之战，都已经过去二十多年啦，几位秦大王前赴后继，要将赵国的首脑机关——邯郸一举拿下，都没如愿。这二十多年，赵国又经历了多少次恶战啊？不夸张地说，要不是蔺相如、平原君、廉颇、李牧这几个人硬撑着，赵大王早就玩完了。

眼下，蔺相如、平原君死了，廉颇遭诬陷，逃跑了，就剩一个李牧在硬撑着。前不久，人家秦大王听说廉颇大将军逃跑了，再次兴兵伐赵，李牧在如此艰难险恶的国内外局势下，又和来犯的秦军干了一仗，打得秦将樊於期大败而逃。

赵大王一高兴，说了一句话，封了一个爵，赏了一块地。一句话是：您真是咱们赵国的白起呀；一个爵是：武安君，也就是白起自杀前的爵位；一块地是：一万户领地。

尽管这样，按照春秋战国的一般规律，出了个赵王迁，赵国

## 庙堂真相

**赵国的历史**

赵国国君嬴姓赵氏，从分晋而来，定都邯郸。公元前 403 年建国，前 222 年灭亡，立国不足二百年。地理上，赵国处于四战之地，常受人欺负，但困境逼人奋发，所谓“燕赵自古多豪杰”，其中的“赵”就是指赵国。赵国明君猛将辈出，像赵武灵王、蔺相如、平原君、赵奢、廉颇、李牧等，都在历史上留下了浓墨重彩的一页。

必须亡；出了个赵王迁，李牧必须死。为什么他必须死呢？因为太优秀了嘛。而给他的武安君的封爵，也恰好是他悲情结局的一句谶语：必须死在自己人手里。下面，就是李牧之死的细节回忆——

赵王迁七年，赵国代郡中部地震，房屋倒塌大半，平地裂开大缝竟有一百三十步。祸不单行，邯郸一带又遇到大旱，不用说，年底，人相食。秦大王一看，非常高兴，是时候了，出发。

这回秦军带队的是大将军王翦。王翦从太原一路进兵，杨端和从常山一路进兵，秦大王又派内史腾带兵十万驻扎在上党，作为声援。武安君李牧一看，也不含糊，迎敌，将人马驻扎在灰泉山，营寨相连几十里路。

大将军王翦到了灰泉山一看，头都大了，不敢轻易向前推进。秦大王听到报告后，心想，咱家人都被李牧这厮打怕了，这次和他硬干，恐怕又要吃亏，这该怎么办呢？这时候，高参王敖给秦大王出了一主意，秦大王一听，非常高兴，就派王敖到王翦军中，协助王翦依计行事。

见了面，王敖这么这么和王翦一合计，王翦一听，眉开眼笑。

### 典故制度

**抱冰握火**

越王勾践为了灭吴复国，常常以艰苦的生活条件来磨砺自己的意志。除了“卧薪尝胆”的故事，他还寒冬抱冰，炎夏握火，时刻让自己保持最好的状态。经过十年生聚，十年教训，终于转弱为强，灭亡了吴国。后人以“抱冰握火”比喻刻苦自励，也用指生活艰辛。

第二天，王翦派人去赵营讲和。李牧一听，不打了，要给咱们赵国过几天安生日子，好，欢迎。记住，想要咱签卖国条约，甭想，于是也派人去秦营商议。

背地里，王敖这小子蔫不唧来到赵国，找到相国郭开说：哎呀，相国，识时务者为俊杰呀，赵大王就一妓女的小子，从小斗鸡玩马，也不好好学习，能成什么大事啊？咱跟着他命都算好啦？这小子就一亡国之君啊。总而言之，一句话，跟咱们秦大王干吧，亏不了您。

郭开一听，笑眯眯地直点头，于是，二人一合计，嗯，就这么办。转天，郭开来向赵大王汇报小道消息：不好啦，武安君李牧私下里和秦国人讲和啦，事成之后，想独霸代郡，作草头天子啦。

赵大王一听，吓了一大跳，这还得了，于是悄悄地派左右人前去灰泉山查看，果然，李牧和王翦的信使往来频繁。不用说，赵王又怕又怒，赶忙向相国郭开问计。郭开笑眯眯地说，唉呀，这不难啊，让大将军赵葱接替李牧大人，让他回京城养老，不就结了吗？

赵大王一听，眉开眼笑，就这么办，于是派司马尚持兵符到

## 名臣风骨

**李牧死，赵国亡**

李牧是战国末年东方六国最杰出的将领，战功赫赫，有着崇高的威望。李牧被害，赵国自毁长城，后人称之为"李牧死，赵国亡"，把李牧视作赵国的顶梁柱。唐朝德宗时，颜真卿建议，追封古代名将六十四人，为他们设庙享奠，战国时期被追封的，为孙膑、田单、廉颇、赵奢、王翦、李牧等。北宋时，为古代名将设庙，七十二人名单中，也有李牧。

军中宣布命令。李牧一听，吓了一大跳，说：眼下，两军对垒，国家安危都担负在一将的身上，您虽有君命，我也不敢答应。司马尚一看，不好交差，就私下里告诉李牧，不瞒你说，这都是相国的鬼主意啊。

李牧一听，大怒，就要带大部队回去，找小人郭开算账。司马尚一看，急了，这不就是谋反吗？人家可有把柄了。李牧长叹一口气，说，印信不能交，人也不能杀，您说怎么办吧。唉，我可知道廉颇大将军的难处了。老实说，这时候，他已经有了流亡之心。

等到半夜，李牧把将印悬挂在营帐中，换上平常人的衣服，悄悄走出营寨，投奔魏国去了。等到天一大亮，赵葱见李牧还没把印信交给他，就来主将帐中窥探情况，一看，没人，官府印信都在，哎呀，不好啦，李牧逃跑了，就派人去追。

果然，在一家旅店里找到了李牧。这时候，李牧正大醉未醒，赵葱大手一挥，让人斩下李牧的首级，回头把首级献给赵大王。李牧一死，赵国就日薄西山了。

## 向历史借智慧

**为什么反间计容易成功**

因为反间的理由恰到好处：做领导的，最怕的就是手下人反水。这一特点，在私营老板身上表现得最明显，公司的核心资源正如兵权，一交给部下去打点，那老板在家里往往是睡不好觉的。由此也可以知道，为什么领导学中，信任和放权那么重要。放权是为了更好地发展，但放权不等于放心，这个时候，信任便特别关键，怎么增强领导和下属间的信任，是领导和下属必须要解决的问题。

# 春申君之死

战国四公子：孟尝君，信陵君，平原君，春申君。其中春申君姓黄名歇，大约是楚大王的庶出宗亲。春申君年轻时，也多才多艺，有见识，有口才，不用说，为楚国立下过不少汗马功劳。考烈王继位后，就让他当了朝廷一把手，并将淮北十二县赏给他当零花钱。

有了权，有了钱，什么都不缺，似乎就缺一点儿国际影响。于是，他也效仿国际三公子，大养宾客，据说最多的时候，一度达到宾客三千。

三千多人哪，都成国际大食堂了，每天的柴米油盐，还不得拿抽水机供应啊？有了这块招牌，国际三公子偶尔也来他家里串串门，说说笑笑，交流心得，偶尔也暗地里斗斗富，斗斗气，不过都无伤大雅，不碍事。

四位公子中，数春申君的结局最惨，直白地说，这也是他咎由自取。人家养门客，是为了给自己出谋划策，他养门客纯粹是

### 庙堂真相

**春申君比富**

春申君黄歇，门客数量居“战国四公子”之首。有一个春申君和平原君比富的故事。一次，平原君的使者们来楚国春申君家串门，为了显示平原君的实力，使者们个个把珍珠宝贝戴在最醒目的地方，头上插着玳瑁簪子，剑鞘上镶着珠宝装饰，他们以为这下可以扬眉吐气一番了。不料，正式会见时，春申君家的门客个个都穿着镶满珠宝的鞋子。一个把珠宝戴在头上，一个把珠宝缀在鞋上，高下立见。

为了装点门面，最后还死在自己的门客手中，就凭这一点，和其他三公子比，可不是差一星半点儿。

故事还得从头开讲。话说考烈王在位时间很长，一直没有子女。春申君有点急了，到处为他寻摸能生育的女子，美女献上了无数，但都是平板车进，平板车出，无济于事。

春申君的宾客中，有个叫李园的人，原籍赵国，李园有个妹妹叫李嫣，很有姿色，李园想把她进献给楚王，日后好有个依靠。人家智商也不低，心想，明摆着的，楚大王得了不孕不育症，任咱这妹子再能干，也是白搭。生不了儿子，咱妹子就是白给，这该怎么办呐？小脑筋这么一转悠，有了。转天，李园向春申君请了五天假。到了第十天，他才回来。一见面就向主人检讨，哎呀，真的不好意思，家里有事，走不开，耽误了，真不骗你。

春申君就问了，什么事啊，耽误这么长时间？李园就笑眯眯地说了：不瞒您说，我有一个妹妹，名叫李嫣，长得还行。齐大王不知道打哪里听说这个消息了，就派人来提亲。咱没办法呀，就和行聘礼的一起喝了几天酒，所以就回来迟啦。

春申君一听，乐了，心想，他妹子的名头还真不小啊，连齐

### 庙堂真相

**韩国的历史**

在“战国七雄”中，韩、赵、魏三国本是晋国的三个有实力的家族，公元前403年，三家分晋，强大的晋国消失，取而代之的就是韩、赵、魏三个后起之秀。韩国的历史是从前403年开始，到前230年灭亡，立国不足二百年。韩国是“战国七雄”中国土面积最小，实力也最弱的国家，最先被灭。韩国本土的杰出人物有韩非子。

国人都知道了，肯定非常漂亮。就问：这聘礼定了吗？李园说：正在商议哩，还没有聘定。

春申君精神一振，笑眯眯地说：能让咱见见您妹子的花容吗？李园一脸严肃，说：既然咱是您的奴才，咱的妹子也就如同您的侍妾婢女一样，怎么不可以呢？

春申君大喜，吩咐他赶紧去办，不要叫齐大王抢在前头。李园笑眯眯地告辞，回到家里，把妹子好好打扮了一番，送到春申君府上。春申君一见，那叫一个心花怒放啊，拍着李园的肩膀说，老李，俗话说，肥水不流外人田，你看这事……就留在咱府上吧。

李园连连点头，赔笑说……您有这心，是咱老李家的福气哇。当即领了白璧两双，黄金三百镒，把妹子李嫣留下了。

不出三个月，李嫣就有了身孕。李园一见大喜，悄悄地去开导妹子，是做妾好，还是做夫人好？都不好，还是做王后最好……你看噢，眼下，楚大王还没有儿子，如果你——

李嫣一听，吓了一跳，细细一琢磨，还真是噢，笑骂道，你真坏……同意了。于是李园这么这么培训一番妹子，妹子牢记在心。

当天晚上，李嫣就对春申君大吹枕边风：您看噢，大王非常

### 庙堂真相

**魏国的历史**

魏国，前403年建国，前225年灭亡，立国不足二百年。但相比“三晋”中的韩、赵，魏国的历史就要辉煌灿烂得多。魏国是战国初期最强盛的国家，魏文侯任用李悝等名臣进行改革，起用吴起等大将带兵，国富兵强，以至秦、齐、楚等都不是对手。后来秦国用商鞅变法，就是偷学了魏国的经验。魏国的名人还有庞涓、信陵君等。

倚重你，对你比对亲兄弟还要好。现在，大王没有儿子，他死后只好改立他的兄弟为王。到时候，新大王还会倚重您吗？春申君一听，吓了一跳，说：哟嗬，对呀，这应该怎么办呢？

李嫣就笑眯眯地对春申君这么这么一规划，总而言之，咱肚子里的孩子，就是你的救星，是吧？春申君如梦初醒，连声夸奖，宝贝儿，你真聪明……好，照办。

第二天，春申君就找来李园，把昨夜说的话告诉他。李园一听，成了，就出一主意，让妹子悄悄地从春申君府中搬出，另找一个地方住下。等这事办妥了，春申君进宫对楚王汇报，咱听说李园的妹妹李嫣非常美丽，非常聪明，相面的人都说她能够生育，而且命主富贵。喏，前不久，齐大王刚刚派人来提过亲，大王您看是不是——

楚大王一听，好呀，当即派内侍去宣召李嫣进宫。不用说，人家礼仪培训班出来的，媚人是人家的专长，不几天，就迷住了楚大王，没一个星期，就给楚大王捎来了喜讯，人家有了大王的爱情结晶啦。楚大土一听，那真是心花怒放啊。

到了产期，李嫣一下生俩，妈呀，双胞胎呀！楚王高兴得不

典故制度

**以财交者，财尽而交绝；以色交者，华落而爱渝**

因钱财而结交的，钱财尽，交情也就绝了；因美色而结合的，容颜像鲜花凋谢衰落，情感也就改变了。这个典故出自安陵君的故事。安陵君是楚共王的男宠，有个叫江乙的人对安陵君说了这两句话：“以财交者，财尽而交绝；以色交者，华落而爱渝。”劝他要防着色衰爱弛的那一天。安陵君按照江乙的建议做了，楚王对他更加珍爱。

知说啥好啦，给老大起名叫捍，给老小起名叫犹。李嫣，封为王后，长子捍，立为太子，李园国舅、春申君助产有功，赏。

到了考烈王二十五年，楚大王一病不起，李园乐了，心想，该出手了，于是暗暗地寻访孔武有力的猛人，收罗在自己门下，好吃好喝，养着。

春申君的门客朱英，多了个心眼，就来提醒春申君：国舅最近的事儿，比较可疑哩，咱怕对您不利呀。春申君撩起胡须大笑，说：就他呀，杀鸡都不敢，您多虑了吧。任他怎么劝也不听。朱英长叹一声，心想，大祸就要来了，撤吧，于是溜了。

朱英走后没两个星期，考烈王一命呜呼了。一直到太阳落山，李园才派人去通知春申君。春申君听说后，大吃一惊，也顾不得和身边的人商量一下，立刻驾车进宫。刚刚进得门来，两边埋伏的武士突然冲出来，口里喊着：王后密令，春申君企图谋反，立即斩首。春申君一看，知道中计，急忙掉转车头，可是太晚了。他手下的人都被武士们杀散，自己的头也被砍了下来，抛到城外。

杀了春申君，李园紧闭城门，为楚王发丧，拥立太子捍为国君，这就是楚幽王。一兄一妹当国，楚国从此一蹶不振。

## 向历史借智慧

**提防人品不好的人**

人们经常有一种错觉，以为小人只是对别人“小人”，只会算计别人，对自己则很君子。这种错觉害了很多人。一个人人品不好的话，他必然会在任何事情上，都是只为自己着想，设法坑害别人，而绝不会是把“恶”都撒向别人，把“爱”全留给你。李园既然这次敢设计楚王，那么下一次，谁又能保证不会是春申君呢！

# 奇货可居

秦国的王孙异人，自从秦、赵渑池会盟后，就一直作为人质留在赵国学习异国文化。这异人本是当今秦大王的孙子，当今太子安国君的次子。安国君有二十多个儿子，都是小妾所生，他所宠爱的夫人楚妃，号华阳夫人，没有儿子。

异人的母亲叫夏姬，生前就不受宠爱，眼下早已过世了，所以，异人作文化交流的使者滞留在赵国后，秦国的爷爷奶奶爸爸妈妈没几天就忘了有这么个人。

事情拖到两国交恶的时候，异人的日子就不好过了。赵大王一看，还有仇敌的苗子成天在自己眼前晃悠，就准备将这家伙咔嚓掉完事。幸亏平原君摆明利害，不行啊大王，这样秦大王又有借口啦，赵大王才决定留下他的脑袋。

想想心里还是不忿，转天赵大王把异人打发到王城的犄角旮旯——丛台，让大夫公孙乾时时刻刻“关照”他，粗茶淡饭，专车甭想，零花钱没有，不用说，异人开始郁闷了。

## 庙堂真相

### 以商人的智慧搞政治

春秋战国是一个充满奇想的时代，容易出奇人奇事。从商人来说，前有国际倒爷弦高以几头牛的成本，搞定汹涌而来的庞大秦师，后有吕不韦投资秦王孙，自己也从商人成功转型为政治家。另外还有一位范蠡，本是搞政治的，后来下海经商，人称陶朱公，属于以政治家的智慧来经商的始祖。这些人，转型之后都成绩突出。可见世间很多事情的道理都是相通的，这就是传说中的触类旁通吧。

再说，阳翟有一个人姓吕，名叫不韦，和他爸爸都是国际倒爷，平日里来往各国贩买贩卖，攒下巨额的原始积累，眼前正在邯郸联系业务。一天，吕不韦偶然在路上看见了异人，只见他面如敷粉，唇若丹涂，生得眉清目秀，一看就不是穷家小子，虽在落魄之中，但仍不失贵家公子的气度。

吕不韦一看暗暗称奇，就向人一打听，哟嗬，居然是秦大王的庶出孙子，于是就有主意了，心中大喜，赶忙回家咨询他爸爸："您说，种田能得到几倍的利呀？"他爸爸说："十倍而已吧。"吕不韦又问："那么，贩卖金银宝贝呢？"他爸爸说："心黑点儿，百倍的利没问题呀。"吕不韦又问："要是扶立一个人为王呢？"他爸爸就笑着说："别做白日梦了，你我怎么可能有这么大的本事呢？"吕不韦不乐意了，说："别呀，您就先说说，有几倍的利吧。"他爸爸哈哈大笑，说："咱们要真有这本事，半个国家都是咱的，你说有多大的利？千万倍不止吧。"

吕不韦一脸严肃，说：咱也这么想。于是将自己的想法，这么这么对老爸一抖，他爸爸惊得是目瞪口呆，将信将疑。但他也知道这小子的脑筋非同寻常，就让他自个看着办吧，咱不阻拦，

## 典故制度

**马首是瞻**

春秋时期，晋国作为中原大国，处于天下的政治中心和地理中心。公元前559年，晋国率领多国部队向秦国发动进攻，并且一路打到了咸阳的附近。秦军顽强抵抗，并在井里下毒，使联军伤亡不少，联军统帅荀偃下令："鸡鸣而驾，塞井夷灶，唯余马首是瞻！"——鸡鸣套车，填塞水井，铲平土灶，看着我马头的方向前进。这就是"马首是瞻"的出处。意思是作战时看主将的马头行事，后比喻服从指挥或依附某人。

也不鼓励。

转天，吕不韦和异人的“贴身保镖”公孙乾套上了近乎，喝了几次酒，就成铁哥们儿了。吕不韦一出手一百两黄金，拿去花吧您就。公孙乾大喜过望，拍拍胸脯，有事您说话。嘿嘿，没事儿，能和您喝喝酒，就是咱最大的荣幸。

计划按部就班地进行。一天，公孙乾宴请吕不韦，吕不韦提议，邀请贵客异人同席，您看成吗？没问题呀，小事一桩。三个人谈笑风生，酒喝到半酣，公孙乾起身上厕所，吕不韦便开门见山，低声对异人这么这么一番规划，异人一听，眼泪都快出来了，说：“倘若得到富贵，一定与您分享。”等公孙乾上厕所回来，事儿早就沟通好了。

转天，吕不韦暗地里送给异人五百两黄金，叮嘱他多交交朋友，钱咱有的是。没几天，“保镖”公孙乾就和主人亲如一家啦。嗯，再死死地看着您，就不够哥们儿了，您爱干吗干吗吧。

好，非常顺利。于是，吕不韦又花大价钱，暗暗置办了许多奇珍异宝，目标咸阳，出发。

到了咸阳，吕不韦一打听，华阳夫人有个姐姐也嫁在秦国，

庙堂真相

周礼尽在鲁

鲁乃周公之后，周公的长子伯禽，受封鲁国，定都曲阜，“封土不过百里”。后来陆续壮大，春秋时，一度与齐国争夺东方的霸主；公元前 256 年，为楚国所灭。鲁国曾几次发生废长立幼、杀嫡立庶事件，又有三桓执政、庆父乱鲁等，内政不平、外战不修，但是文化很强。在周代众多邦国中，鲁国是姬姓“宗邦”，诸侯“望国”，也是典型周礼的保存者和实施者，世人称“周礼尽在鲁矣”。

没几天，吕不韦就去拜见夫人大姐，一匣子金银宝贝献上，思念的话献上，都是您侄子异人的心意，请笑纳。不用说，夫人大姐大喜过望，有事儿您说话。

第二天，夫人大姐来见妹妹华阳夫人，一匣子金银宝贝献上，思念的话献上，都是您外甥异人的心意，这些年，他早就把妹妹您当亲娘啦。

第三天，华阳夫人和丈夫一道饮酒取乐，喝到高兴处，夫人忽然抹起眼泪来。太子吃了一惊，怎么回事啊，这是？没什么，没儿子，想儿子了，想收个干儿子。好啊，好主意，有目标了吗？有了，异人，这些年，他早就把咱当亲娘了，您瞧瞧这些个礼物，这些个感人的书信，喏，一二三。

太子一看，眉开眼笑，还别说，真是哈，于是答应了。夫人说，您今日答应了，明日一听其他女人的话，又该反悔了。太子说：绝对不会，您不相信，咱愿刻符为誓！夫人这才眉开眼笑。转天，玉符刻成，从中间剖开，一人一半，这事就成了一半啦。

回头，太子来见秦大王，说，您看噢，是不是把您孙子异人接回来呀，兵荒马乱的。秦大王一听，烦着咧，回头再说。吕不

### 典故制度

**一字千金**

吕不韦主持编写了一部《吕氏春秋》，完成后，吕不韦命令把书的内容公布在咸阳城门旁，张榜悬赏，广邀各国游士宾客来评阅，任何人只要能指出书中错误，每改动一字，即给予一千金的奖励。各国读书人蜂拥而来，但是最后也没有一个人能够做到。这就是“一字千金”的出处。《吕氏春秋》被认为是集先秦道家之大成，后世又把它列为杂家的代表作，是一部上应天时、中察人情、下观地利，内容丰富而观点精辟的著作。

韦一看，夜长梦多呀，就来找王后的哥哥，说，您有危险啦。这么这么一分析，王后的哥哥吓了一跳，就来找自己的妹妹。

妹妹哪有不帮哥哥的，王后就找秦大王撒娇，秦大王一高兴，好，回头等赵大王那厮向咱求和的时候，咱就将孙子异人接回来。好了，有了这话，吕不韦就知道怎么办了。转天，他驾车回到邯郸，将好消息告诉了异人，异人感动得眼泪都出来了。

再说吕不韦有一个美女姬妾，叫赵姬，能歌善舞。一天，在吕不韦家里，异人一见赵姬，迷上了，便请吕不韦“割爱”。就这样，赵姬和异人好上了，并很快有了身孕，后来生下一个儿子。这一切，都在大商人吕不韦的算计之中。

到了最后一个环节啦，脱身。没几天，吕不韦暗暗地送给邯郸城看南门的上上下下一笔巨款，又摆一桌告别酒宴，宴请老朋友公孙乾，说，兵荒马乱的，想回老家阳翟看看啦，三天后出发，别说了，喝酒喝酒。

结果，公孙乾喝得烂醉。吕不韦给异人夫妇各换上一套仆人的衣服，蔫不唧开溜了。出了邯郸城，拐了一个大弯，就直奔秦大营而去。到娘家了，后面的事就可想而知了。

野史秘闻

**嫪毐之死**

嫪毐是秦始皇的母亲赵太后的情人，被封为长信侯。但嫪毐这人烂泥扶不上墙，一次酒喝多了，跟人争执，以皇帝的“假父”自居。这话传到秦始皇那里，皇帝大怒，嫪毐吓得领着手下数百人，攻打皇宫，被抓，处以极刑。赵太后也因此被关起来，终生不得与始皇相见，很多人认为有违孝道，纷纷劝谏秦始皇，秦始皇来一个杀一个，结果因上谏而死者多达二十七人。

转天，孙子异人见了秦大王的面，秦大王哈哈大笑，哦，成功人士吕不韦先生啊，久仰久仰，多谢费心啊。秦大王一高兴，封吕不韦为客卿，食邑一千户。

再后来，秦大王拜拜了，太子安国君继承了王位，立异人为太子。没过三五天，新大王暴病而死。谁干的？不知道。太子异人毫无悬念地继承了王位，这就是庄襄王。

宰相蔡泽是个机灵鬼，知道庄襄王非常依赖吕不韦，转手就将丞相位子让给了吕不韦，这下吕不韦可赚大发了。再后来，异人和赵姬的儿子继承了王位，这就是大名鼎鼎的始皇帝——嬴政。

您说说看，吕不韦这个生意做得地道不地道，这就叫"奇货可居、待价而沽"。

## 向历史借智慧

**生活中处处都是机遇**

吕不韦是历史上最著名的商人之一，因为他做了一笔历史上最惊人的大买卖。这个故事给我们一个启示，生活中处处都是机遇，只看你是不是有一双发现机遇的慧眼，也看你的梦想能有多大！一个落魄王孙，和一个国际倒爷，本来是风马牛不相及的两个事物，但经过吕不韦的妙手调配，竟然出来了一道匪夷所思的大菜！

# 荆轲刺秦王

荆轲刺秦王的故事，还得从秦、赵长平之战说起。长平一战，赵国的主力部队覆灭，燕大王一看，好事，也想浑水摸鱼，结果被哀兵之将——廉颇、李牧打得大败。秦大王一看，好事，就下命令，再打赵国邯郸。

赵大王吃打不住，对燕大王申明厉害：唇亡齿寒哪，我玩完了，下一个就是您啦，咱们还是放弃前嫌，联合抗敌吧。秦大王一看，嘿嘿一笑，老计策，胡萝卜加大棒，对燕大王大抛媚眼，咱对您可是非常友善的呐，您别摸虎须呀。

燕大王一看，苦着脸说，咱和赵国联手，也是无奈之举，愿意和秦大王您交好，这不，咱将太子丹都给您送咸阳来啦，接受您再教育。

太子丹可比他老爸有远见，心里非常清楚，秦大王这小子可是个嗜血的主儿，赵国迟早得完蛋，下一个就是咱母亲国——燕国啦。被送来咸阳的时候，他这心思还不强烈，待了几天，就有

庙堂真相

**吃人的嘴软，拿人的手短**

历史上有名的刺客，明码标价把杀人当生意做的，很少；多数都是被人赠了一包金子，被人请了几顿酒肉，或者被人满足了几下虚荣心，就“士为知己者死”，拎着宝剑往前冲。可见，吃人的嘴软，拿人的手短，无缘无故来请吃请喝还送礼的，一定是有求于你，对这种人，可要小心了。

危机感了，削尖了脑袋想辙，要回燕国去，救亡图存。

这秦大王祖祖辈辈扣人质有瘾，尝到甜头啦，死活不放人，声称：第一，除非燕大王玩完；第二，或者您乌发变成白头；第三，或者马生角驴生蛋，就放您回国。这三条，太子丹都办不到啊，一咬牙，把自己毁容了，穿上仆人的衣服，偷偷从小道上逃回了祖国。

喘口气，太子丹发誓要和秦大王不共戴天，前面说了，俩原因：第一，救亡图存；第二，报仇雪恨。于是他拿出大把的银子招募供养猛人，什么夏扶啊、宋意啊、秦舞阳啊，都招募到自己的门下，养着。

这个秦舞阳有意思，刚刚十三岁多一点，小屁孩，大白天在城里面把仇人杀了，周围人都怕他，不敢接近他。太子丹一看，有种，免罪，收在自己门下。秦国大将军樊於期逃到燕国，藏在深山之中，听说太子丹招募供养猛人，也来投奔。

太傅鞠武就说了，您这是鸡蛋碰石头啊，咱们还是联合三晋、齐国、楚国，再和北边的匈奴结好，共同抗秦吧。太子丹急了，哎呀，都火烧眉毛啦，来不及啦，只能这么办。

### 野史秘闻

**乌头白，马生角**

燕太子丹，少年时曾在赵国做人质，少年嬴政也在赵国，两人关系不错。后来，嬴政即位秦王，秦国强盛，燕王派太子丹又到秦国做人质，嬴政对太子丹不友好，太子丹要求归国，秦王嬴政说：“等乌鸦变白，等马匹生出犄角，你就可以回国。”太子丹仰天叹息，结果真飞来一只白头乌鸦，马匹也生出犄角，太子丹得以回国。“乌头白，马生角”用来比喻不可能实现的事，有时也比喻历尽困境，终熬出头。

转天，鞠武介绍一个猛人——老江湖田光。田光一看夏扶啊、宋意啊、秦舞阳啊这些个人，直摇头，叹一口气说，唉，都不是干大事的人啦，爱恨情仇都挂在脸上，见了老虎秦大王，不全露馅儿啦？转头推荐一个人——荆轲。

田光就说啦，剑侠荆轲，本是齐国大夫庆封的后代。庆封到吴国后，家住在朱方。楚国讨伐吴国杀死庆封，他的家人逃到卫国，成了卫国人。他们曾经凭剑术游说卫大王，希望得到重用，可卫大王不待见他们。后来，秦国占领了卫国的濮阳，荆轲又逃到燕国，改姓荆，人们称他荆卿。这人有胆略，有武艺，忠诚，识大体，是百里挑一的人物啊。

太子丹一听大喜，回头客客气气地将荆轲请到府上，让左右的人都退下，将计划和盘托出：您看噢，眼下，秦国几个大将各握重兵在手，互不服气。秦大王那厮一死，国中必然混乱，上下猜疑，然后咱们趁机联合楚国、齐国和赵国，扶立韩王和魏王的后代，大家伙儿一起将秦国灭掉……总之，据田光老师讲，只有您能够担当这个重任，请不要推辞。

荆轲一听，唔唔直摇头，这事太大啦，咱负不起这个责任。

## 名臣风骨

**田光自杀**

田光是燕国赫赫有名的豪侠，他跟太子丹见过面后，太子丹提醒了一句：“我和您聊的可是国之大事，先生千万不要泄露了出去！”田光回去，找到好友荆轲，等荆轲接下委托后，田光随即拔剑自刎，死前感叹：“一个人行事却令别人怀疑，这就不算是有节操、讲义气的人。希望您立即去见太子，就说我已经死了，死人是不会泄露机密的。”

太子丹一听，急得眼泪都下来了，就说，咱和燕国老百姓的性命都托付给您了。好说歹说，荆轲才勉强答应。

回头，太子丹腾出一幢别墅，供荆轲居住，每天前去问安。荆轲觉得大乌龟好玩，送来；听说千里马的肝味道鲜美，杀了，炖好了，送来；啊哟，这美人的手太白太漂亮啦，剁了玉手，玉盘盛着，送来。荆轲一看，哈哈大笑，叹一口气，心说，干吧，要不太不够意思了。

那么，可以出发了吗？还不行。为什么呢？还要等一个人，榆次人盖聂，这人比咱荆轲厉害，和他同去，保险。一等仨月，不见人影，原来，这盖聂十足一个游侠。太子丹一听，心里着急，但仍旧早晚恭敬地伺候荆轲，并不催促。

没几天，边关传来消息：秦大王派大将王翦从北面攻打过来，已经到了燕国的边界啦。太子丹大吃一惊，愁眉苦脸，来见荆轲。荆轲当下明白怎么回事了，将酒杯往地上一丢，说，好的，可以出发了，不过，要准备燕国的督亢地图，和樊於期大将军的脑袋。

太子丹说，燕国的督亢地图，有。至于樊於期大将军的脑袋，太子丹直抹眼泪。荆轲说，不碍事，我有办法。回头，荆轲来见

典故制度

**兵不如者，勿与挑战；粟不如者，勿与持久**

这是纵横家张仪说的话。“兵不如者，勿与挑战；粟不如者，勿与持久”，如果兵力不如对方强大，就不要发起挑战；如果粮草不如对方充足，就不要与之相持太久。这句话很有道理，有知己知彼的意思，不要拿自己的短处去挑战别人的长处；同时，别人比我强的地方，我则尽量避开。

樊於期，说，我来为您报仇的啊。樊於期一激动，好，高兴，抹脖子自杀了。荆轲就拿着樊於期的脑袋，交给太子丹，让人泡在水银里，做成了标本。

转天，荆轲就捎带着督亢地图、脑袋标本、徐夫人的毒匕首上路了。盖聂没影儿，就让秦舞阳凑合打个下手吧。一行人到了燕国边境易水，大家都穿着孝服，设宴为荆轲一行送行。酒过数巡，朋友高渐离击筑，荆轲和着节拍，唱道：风萧萧兮易水寒，壮士一去兮不复还！不用说，满座的人，无不落泪。

到了咸阳后，荆轲打听到中庶子蒙嘉为秦王所宠爱，就送去千金。第二天，蒙嘉向秦大王启奏：燕大王怕您啦，愿做您的属国，燕国的使者特来献樊於期的脑袋，燕国的膏腴之地督亢，和燕大王的国书。

秦大王一听，哈哈大笑，传令召见使者。荆轲捧着个匣子，秦舞阳捧着份地图，两人相随着进了咸阳宫。秦舞阳哪里见过这阵势啊，吓得脸色苍白，犹如死人一般。秦大王一瞪眼，怎么回事？荆轲回头看了秦舞阳一眼，笑了笑，走上前去叩首，谢罪说：小孩子，没见过世面，请大王不要见怪。

### 庙堂真相

**楚国的历史**

楚国是当时中国南方的一座重镇，拥有独具特色和魅力的楚文化。楚国的历史一般从公元前740年第一代楚王算起，到前223年灭亡，立国五百多年。楚地人才辈出，俗话常说“唯楚有材”，即使楚亡后，还有人宣称“楚虽三户，亡秦必楚”，可见楚国人才之杰出。但楚材晋用，屈原、伍子胥、范蠡、李斯等或不得重用，或被迫流落他国。

秦大王一向谨慎，传下旨来，只许正使一个人上殿，左右侍卫斥退了秦舞阳。秦大王先看了樊於期的头颅，高兴。紧接着，荆轲拿来督亢地图请秦大王过目。

两个人展开地图，眼看快要展完，一把匕首出现在眼前，荆轲眼疾手快，抓刀在手，秦大王大吃一惊，拔腿就跑。两个人绕着大殿的柱子玩起了捉迷藏，先前，秦大王规定，大王不召唤，谁也不许持剑上殿，大家伙儿看在眼里，干着急。不过在殿下，一眨眼，众侍卫将秦舞阳剁成肉泥。

秦大王身佩一把宝剑，长三尺有余，这种玩意儿，不慢条斯理，谁也甭想顺顺当当拔出来。御医夏无且急了，远远地用药包来打荆轲，荆轲奋臂一挡，药包被打得粉碎。小内侍赵高急忙叫道：大王把剑挽到后边再拔！

秦大王省悟过来，转眼拔剑在手，这下荆轲可就不是秦大王的对手了，要知道，秦大王也是高大威猛、习武之人哪。不用说，几个回合下来，荆轲的胳膊腿都被砍断了，靠在柱子上不能动弹，先大笑，再大骂，秦大王一发威，将他砍死了。

荆轲一死，燕国也就没几天可活了。

## 向历史借智慧

### 赌徒心理要不得

杀掉一个国家元首，秦国很快就可以再扶起来一个国家元首。政治这件事，不是简单的刺杀可以解决的。我们推想一下，燕太子丹其实就是一种赌徒心理，家当都快输光光了，所以红了眼，孤注一掷了，这就是常说的狗急跳墙。对一个做事情的人来说，这种赌徒心理是最有害的，赌博赢十次，不如踏踏实实地做一份低收入但有前途可奔的事情。

# 唐睢说秦王

眼下，秦大王兼并六国的事业顺水顺风，国内外形势一片大好。这不，前不久，刚刚收拾掉韩国，过了不到五年，又收拾掉了魏国。收拾魏国的战役，有点儿美中不足，为啥呢？大部队情绪过于高涨，开拔时有点儿着急，忘了将魏大王的附庸小国——安陵五十里地，顺手收归秦大王的囊中。

等大部队回家休整，秦大王和大将军们才想起这回事，再出兵吧，五十里地，都不够秦大王塞牙缝的，不值当；不出兵吧，秦大王魂牵梦绕，白天黑夜惦记着这事，就像美人儿魂牵梦绕惦记着自己脸上的一颗青春痘。

好在秦大王身边从来不缺乏人才，有个机灵鬼就提示大王说，大王啊，兵书上不是还有“不战而屈人之兵”这一说吗？什么意思呢？这人就说啦，您看噢，大王您在咱们关中地界儿，许给安陵君那厮五百里土地，他还不乐死啊。等他搬家的时候，就直接让他搬到您马厩里就得了，非常省事啊。

庙堂真相

**卫多君子，其国无患**

“战国七雄”里没有卫国，但是论存在时间长短，卫国却略胜一筹。无论诸侯间怎么攻伐，卫国始终都保留有一小块地盘，“卫君”也一代代延续。秦始皇灭掉六国后，小小的卫国正因为其小，而被容许存在。直到秦二世时，才结束。卫国前后共计存在八百多年，吴王的弟弟季札对卫国曾有评价：“卫多君子，其国无患。”商鞅、吕不韦便是卫国人。

秦大王一听，眉开眼笑，直夸高明，就这么办。转天，秦大王派个二流的使者，把这好消息带给了安陵君，敦促他快些儿搬家，这边装修非常好，拎包就可以入住啊。

安陵君一听，有点儿动心。小参谋唐雎可看出了苗头，对安陵君说，别呀，秦大王那厮是什么人？五百里换五十里，他祖宗八辈子都没做过这种事儿。别信他，骗您的，就像他祖宗以前骗楚怀王啊，孟尝君啊，春申君啊，平原君啊，太子丹啊，似的。

安陵君苦着脸说，不依他不行啊，他迟早会开大部队过来拿的。唐雎可来气儿了，说，等他开大部队过来时，再给他！凭什么现在他吹口气，您就把祖上的家业双手捧给他呀？咱打不过他，恶心恶心他还不行啊？就和他死磕到底了！

安陵君还是苦着脸，说，既然这样，那就请唐先生你去给秦大王回个话呗？唐雎说，好，就和使者来见秦大王。

刚一见面，秦大王就上了脸，对唐雎说：咱用关中五百里地换您主子五十里地，您主子为什么不答应啊？你们君臣不要忘了，咱灭了韩国和魏国，独留您主子的五十里地，那是咱把您主子当作忠厚长者看，不想打他的主意。眼下，您主子不知好歹，阳奉

名臣风骨

**神童甘罗**

吕不韦派张唐到燕国做丞相，张唐不敢去，甘罗才十二岁，自告奋勇去劝说张唐。甘罗说："您和白起相比，谁的功劳大？"张唐答："白起。"又问："白起时执掌秦政的范雎，和今天的吕不韦相比，谁的权势更大？"张唐答："吕不韦。"甘罗说："当年范雎想攻打赵国，白起阻拦他，结果范雎把白起抓起来绞死了。现在吕不韦亲自请您前往燕国，而您执意不肯，我不知您将身死何地啊！"张唐吓得赶紧答应。

阴违和咱对着干，这不明摆着是不把咱放在眼里吗？

唐雎笑一笑，说：大王您别误会，我听说，身体发肤，受之父母，但凡孝顺的子孙，都不敢损毁，何况是父母留下的土地呢？您的土地虽多，五百里，但那是您的，咱们大王只想安分守己守着这五十里地过小日子。

秦大王一听，顿时虎起脸，说，你小小的一个传话的，怎么敢这么大口气？你长脑子了吗？韩国、魏国，都是东西南北八百里的家当，不也是他祖宗传给他的子孙的吗？眼下，为什么都姓了“嬴”哩？

唐雎笑一笑，说：那是大王开了大部队去了嘛。您开大部队过去，咱们大王的土地再姓“嬴”也不晚啊。

秦大王勃然大怒，喝道：气死我了，你这厮也曾听说过天子发怒吗？唐雎说：咱没听说过。秦大王喝道：天子一怒，伏尸百万，流的血能漂起盾牌。长平之战，你知道不？就是榜样！

唐雎顿时眉头紧锁，说：大王曾经听说过小人物发怒吗？秦大王喝道：小人物发怒啊，丢帽子，光着脚，头撞地，除了这些，还有什么能耐呀？

名臣风骨

甘罗十二岁为相

甘罗出使赵国，对赵王说：“燕太子丹到秦国来，说明燕国不敢背叛秦国。张唐到燕国任相，说明秦国不会欺辱燕国。燕秦两国互不相欺，就是想攻打赵国。大王不如先送我五座城邑，来扩大秦国在河间的领地。我则请求秦王送回燕太子丹，再帮助强大的赵国攻打弱小的燕国。”赵王同意，划五座城邑给秦国，又攻打燕国，打下三十座城邑，送给秦国十一座。甘罗立了大功，被封上卿（相当于丞相）。

唐雎喝道：这是庸人的手段！专诸刺吴王僚不这么干！聂政刺韩傀不这么干！要离刺庆忌不这么干！我唐某人今天也不这么干！一边说，一边站起来，拔剑在手，怒视着秦大王。

哟嗬，这架势，让秦大王吃了一惊，心说，不好，早前儿，怎么让他带剑上殿啊？！秦大王脸上挣扎了好半晌，才哈哈大笑说：好说，好说，先生请坐嘛！咱何必为这点儿小事伤了和气呢！咱算明白啦，韩国、魏国之所以玩完，是因为国君手下多是庸才啊，您大王安陵君，仅凭方圆五十里的地幸存下来，大概是因为有先生您啊！

说罢，秦大王打发唐雎回驿馆休息。唐雎走后，左右大臣小心翼翼地对秦大王说，大王，这个，就这么算啦？

秦大王顿时虎起脸，呸了一声，说，没那么便宜。这厮方才不是说了吗？咱大部队开过去，他就心服口服。回头大部队开过去，再收拾他。

到这里，唐雎唬秦王的故事就结束了。《战国策》里没有这个尾巴，那是逗您高兴的嘛。历史是非常残酷的，记住，没错。

## 向历史借智慧

**离目标近，谁都搞得定**

东汉末年，宦官污染朝纲。几个读书的大臣想要搞掉宦官，就坐在一起制订了一个周密而庞杂的计划。当时曹操也在场，只说了一句话：对付几个阉人，用一个大力士就够了。唐代宗时，李辅国权势熏天，都不把唐代宗放在眼里。有人给唐代宗制订了周密而庞杂的计划。唐代宗冷笑，派了个杀手潜进李辅国的府邸，一刀解决。——只要离目标近，谁都搞得定。

# 王翦出兵

大将军王翦攻下燕国的蓟城后，派人到咸阳去向秦大王告捷，顺便捎上自己的退休申请书，大意是说，咱老啦，腿脚也不灵便啦，上楼也费劲儿啦，要求告老还乡。

秦大王一看书信，嘿嘿一乐，同意，当即派中不溜将军李信接管王翦的大部队，继续追剿燕大王父子俩。秦大王召回王翦，赏给他许多金银宝贝，让他回封地频阳养老去了。

中不溜将军李信也非常能干，三下五除二，就解决了燕大王父子和魏大王。不用说，下一个冤大头就轮到楚国了。

秦大王就问李信了，嗯，你说，这次出兵，带多少人马好啊？李信撇撇嘴说，二十万足矣。

秦大王吃不太准，于是，大老远把老将王翦召到跟前，就问，您看，出多少兵合适啊？王翦眯着眼，恭恭敬敬地说，以老臣愚见，没有五六十万人马恐怕不行吧。

秦大王一听，吓了一跳，心说，六十万人马？咱老本就这么

## 名臣风骨

**名将王翦**

王翦是战国四大将之一，六国除韩国之外，都是王翦和他儿子王贲所灭。王翦冷静，知进退，仁慈，善于带兵，是战国那个糟糕年代难能可贵的军人。他身为四朝元老，历任多位相国，无论是范雎、蔡泽，乃至吕不韦，都对他十分尊重。秦国统一之后，王翦和儿子王贲激流勇退，荣归故里，不再参与朝政。

多啦，看样子，这人一老，胆子就小，于是他客客气气让人送老顾问王翦回去，转天，让李信领着二十万大军出发了。

一路上，李信昂首阔步，攻城略地，好不威风。楚大王慌了神，赶忙祭出大将军项燕与李信对阵。项燕使出七面埋伏计，打得李信大败而逃，顺手还将秦国侵占的土地收复了一些。

秦大王闻讯，勃然大怒，当即削去李信的官爵和封地，越想越后悔，不该呀，当初不听大将军王翦的忠言，于是决定亡羊补牢。转天，他亲自出马，到频阳造访王翦，请王翦出山挂帅。

王翦一脸迷迷糊糊，说，不瞒您说，臣有些老糊涂啦，有时候，白天晚上也分不清啦，要不，大王您再选别的能干的将军去？

秦大王说，这次出征，非大将军您不可，请您不要再推辞了！口气不容置辩啊。

王翦吓一跳，立马想起了自己的旧同事——武安君白起大将军，心说，这将军功劳一大，晚年再一生病，可就不太妙呀，于是赶忙打起精神，说，眼下，大王如果非让老臣给您添乱哩，就必须拨给我六十万人马，否则，咱怕干不过楚人啊。

老话题了，秦大王还是心疼啊，就同王翦商量，您看噢，咱

## 典故制度

**“皇帝”的诞生**

历史上真正把君主称为“皇帝”，是从秦始皇开始的。在此之前，最古的称呼是“皇”，如天皇、地皇、泰皇；接着是“帝”，如五帝；到西周，就是“王”了。但秦始皇觉得自己“德高三皇，功过五帝”，就把两者合并，称为“皇帝”。从此，“皇帝”一词就成为中国封建社会最高统治者的称呼了。秦始皇又希望自己的子子孙孙世代为皇，自己为“始皇”，后世则为二世、三世，乃至无穷世。

听说，古代的大国只有三军，次等的国家只有二军，小国只有一军，而且军队出征并不会全数开拔，多少会留一点打预备。前不久，李信那厮一场败仗，咱十万人马立即报销，咱的老底子您是知道的，眼下，将军您一口气就要六十万，这是前所未有的呀，是不是……

王翦说，大王啊，您是明白人，楚大王那厮的家当，东西宽三千里，南北长五千里，虽说他爷爷爸爸与您爷爷爸爸交手，老吃败仗，但是，瘦死的骆驼比马大呀，人家随便动员一下，还不有个一二百万人马？六十万人马真没管您多要。

秦王一想，也对，李信那厮不是夸口二十万吗？结果怎么样，一败涂地，好了，咱就依了您。于是，秦王再次拜王翦为大将，将六十万人马交给他，仍用蒙武做副将，择日出征。

临行前，秦大王亲自在坝上设宴，为王翦饯别。王翦拿着酒杯，先祝大王万寿无疆，然后说，大王请饮了这杯，臣才敢提一些小小的请求。

秦大王一饮而尽，就问，将军有什么话要说呀？就见王翦从袖中取出一片竹简，恭恭敬敬地递给秦大王，说，想请大王把这些田宅赐给咱们家。

野史秘闻

**李斯与老鼠哲学**

李斯是楚国人，年轻时在粮库做管理员。一次去茅坑，看到老鼠，就发明了一种老鼠哲学。老鼠哲学认为：同样是老鼠，粮库里的老鼠又肥又大胆，见了人也不怕；相比之下，茅坑里的老鼠生活质量和精神面貌就差远了，瘦、脏，而且胆子极小，听到一点响动就惊慌失措。李斯深受触动，决心一定要做粮库里的老鼠，于是跑到秦国找工作，后来做到了丞相。

秦王一看，上面开列着咸阳城外的几处良田美宅，就哈哈大笑说，老将军若能得胜回朝，楚国的家当都是咱们的啦，所有的荣华富贵，咱都愿意与您分享，这点田宅又算什么呢？

王翦说，唉，臣老了，这就像风中的蜡烛，说闭眼就闭眼啦。咱就想啊，不如在臣看得见的时候，请大王多多地赐给臣一些良田美宅，好作为子孙的产业，这样，咱的子孙就能世代享受大王您的恩德了。秦王大笑，同意了。

大军队开出函谷关，刚扎下营盘，王翦又派人向秦大王索要咸阳城外的几处园林。蒙武一看，非常纳闷，心想，这老家伙可够贪的哦，就不冷不热地说，老将军，您的请求是不是太多了些啊？

王翦笑一笑，不言声，过了好半天，才说，咱看你人不坏，就偷偷地告诉你，这也利于一路上咱们俩的精诚团结。您看噢，秦大王这人，性格刚强凌厉，而且多疑，眼下，他将精兵六十万交付给咱，就是倾全国兵力托付给咱了，大王他睡不着觉，咱也睡不着觉啊。

咱就想啊，咱多多地索取田宅园池，谎称为子孙后代谋福利，不就是要安大王的心嘛。这要地也有讲究啊，咸阳城外的最好，

### 庙堂真相

**秦始皇和韩非子**

秦始皇虽能成就大事业，但为人刻薄寡恩，猜忌心重，不能共富贵，所以秦朝在他统治后期，直到覆灭，杰出的人才寥寥无几。秦始皇早年读书时，读到韩非子的著作，惊艳不已，大叹："我要是能攀上这样的人才，死也值得呀！"为了见到韩非子，他不惜发动战争，攻打韩国。但韩非子被请到秦国后，却得不到信任，很快就为秦始皇弃而不用，最后死在狱中。

大王眼皮子底下，咱能怎么样？这样一来，大王他睡得着觉，咱也睡得着觉啊，否则，武安君白起就是咱的榜样啊。

蒙武一听，倒吸一口凉气，说：老将军您真是高明，咱不服不行。不用说，回头上下级配合非常好，大将军王翦小用计策，不出一年，将项燕打得大败而逃，打这以后，离楚国灭亡就不远了。

也许正得益于这种机灵劲儿，后来，大将军王翦才得以在封地寿终正寝。这在春秋战国，是很不多见的。

### 向历史借智慧

**受比施更有福**

穷人没有资本救济富人，当富人救济穷人的时候，他会有自豪感，这种自豪感令他幸福。人们喜欢帮助弱者，不仅仅是出于恻隐之心。实际上，是因为穷人无法超越富人的物质基础，富人才伸出援手。王翦屡屡向秦王政要这要那，只是想表明自己是弱者。秦王政成了强者，自然就不设防了。

# 秦并六国

公元前238年，秦王嬴政解决掉相国吕不韦—长信侯嫪毐集团后，开始亲自操刀下厨。随后，在相国李斯等人的协助下，秦大王祭出“灭诸侯，成帝业，为天下一统”的大旗，准备一揽子解决自先祖秦穆公以来历代秦大王的心愿，具体的计划是：笼络燕齐，稳住楚魏，消灭韩赵，远交近攻，逐个击破。

第一步灭韩。公元前229年，趁赵国遭受地震和旱灾之际，秦大王派大将军王翦和杨端和，兵分两路进攻赵国。赵国的顶梁柱、武安君李牧率兵迎战，大将军王翦施反间计，李牧被赵相国郭开和大将军赵葱斩杀。

王翦大喜，转眼间大败赵军，大部队直指赵国都城邯郸，一时间，中原震动。秦大王当即命小将军内史腾率军南下，渡过黄河，直逼韩国都城新郑。韩大王自忖不是对手，甘愿献国投降，韩国灭亡。秦国于是在韩地设置颍川郡，建郡治于阳翟。

第二步灭赵。内史腾灭掉韩国以后，大将军王翦和杨端和也

庙堂真相

**后知后觉的齐国**

秦国“远交近攻”政策在齐国身上取得了最好的效果，整整五十余年时间，大齐国一面看着别国被秦国灭亡，一面坐在火山口享受着和平。终于有一天，火山口爆发，齐国上下才从梦中惊醒，张着嘴巴看着秦军的到来。

不甘示弱，率大部队直抵邯郸城下，赵国将军颜聚和公子嘉拼死抵抗，两个人勉强支撑到第二年。公元前 228 年，相国郭开和赵王迁经受不住内心的煎熬，主动献城投降，赵国灭亡。

公子嘉不忿，率一班粉丝逃到代郡，收拾残部自立为代王。秦大王笑一笑，秋后的蚂蚱，何足为患？姑且容他蹦几天吧，代王嘉这才过了几天安生日子。六年后，即公元前 222 年，王翦之子王贲率军攻灭燕国，回师扫灭赵国残余势力，俘虏代王嘉。

第三步灭魏。公元前 225 年，秦大王派大将军王贲率兵出关中，攻占楚国北部的十几座城，旋即回军北上，突袭并围困魏国都城大梁。魏军依托大梁的城防工事，拼死抵抗。大将军王贲大怒，派大部队开挖引水渠，引黄河水灌入大梁城内。三个月后，大梁城被水浸坏，魏王假投降，魏国灭亡，秦大王在魏国设立砀郡。

第四步灭楚。公元前 226 年，秦大王派大将军李信和蒙武，率二十万秦军攻打楚国，楚国大将军项燕率军抵抗，秦军攻下平兴、寝地，项燕绝地反击，大败秦军，李信败逃。

第二年，秦大王命老将王翦率六十万大军再次伐楚，两军在陈地相遇，王翦下令固守营盘，按兵不动，楚军多次挑战，秦军

## 庙堂真相

### 齐国简史

周武王封吕尚（姜子牙），国名为齐。这是齐国历史的开始，因国君为姜姓，史称“姜齐”。春秋时，齐桓公任管仲为相，九合诸侯，称霸。公元前 386 年，姜姓齐国为田氏取代，史称“田齐”。齐国为“战国七雄”之一。前 284 年，燕国乐毅伐齐，齐国几乎被灭。前 279 年，田单恢复齐国。末代齐王田建不思进取，偏信秦国，前 221 年，秦国攻齐，齐王建出城投降，齐国灭亡。

不予理会。两军死磕，相持到第二年，项燕失去耐心，下令撤军东归，秦军迅速出击，在蕲地大败楚军，随后强渡淮水，直抵楚国陪都寿春城下。

公元前223年，秦军攻陷寿春，俘虏楚王负刍，楚国灭亡。秦大王在楚地设九江郡。项燕败退至长江以南，立昌平君为楚王。

大将军王翦奉命继续南下，造战船横渡长江，一举消灭项燕余部和昌平君。大将军王翦顺手牵羊，攻陷越国都城会稽，俘虏分散于江南的越国王族后裔。随后，秦大王在越地设会稽郡。

第五步灭燕。灭掉赵国以后，大将军王翦奉命屯军中山故地，准备随时攻打燕国。燕太子丹大惊，赶忙派荆轲赴秦，以献督亢的地图和秦国叛将樊於期的脑袋为名，刺杀秦大王，荆轲出师不利，被秦大王砍死。

秦大王大怒，命令大将军王翦即刻攻打燕国。秦军在易水大败燕军和赵代王联军，攻陷蓟地，燕王喜与太子丹率残部逃往辽东。秦大王不忿，派人向燕大王索要太子丹的项上人头，燕大王被逼无奈，将太子丹灌醉，割下他的脑袋，献给秦大王，勉强换得几年安生日子。公元前222年，大将军王贲进军辽东，歼灭燕军，

## 庙堂真相

### 中国版图的雏形

最初，“中国”是指传说中的华夏部落，大致位于今天的中原一带。秦始皇实现了“六国并、四海一”的宏图后，创立了第一个统一的封建王朝。虽然秦帝国存在的时间不长，却是中国历史上一个重要阶段，它在战国时代各诸侯疆域的基础上有所扩展，南征百越，西击匈奴，使得当时秦帝国的疆域面积达到三百余万平方公里。

俘虏燕王，燕国灭亡。

第六步灭齐。秦灭燕国前，秦大王重金犒赏齐相国后胜，于是后胜好言安抚齐大王，齐大王一高兴，乐得偏安自守。等闻知秦国灭掉燕国后，齐大王大惊，才知道大事不妙，慌忙将部队集结到西部边境，准备抵御秦军的进攻。

公元前 221 年，秦大王派使节对齐国进行友好访问，齐大王不敢接待，秦大王大怒，命大将军王贲率领秦军进攻齐国。

秦军避开齐军西部主力，由燕地南部南下，直奔齐国都城临淄。齐军措手不及，顿时土崩瓦解，齐大王不战而降，齐国灭亡，秦大王在齐地设置齐郡和琅琊郡。

## 向历史借智慧

**亡六国者，六国也**

西汉贾谊总结秦灭六国的故事时，指出，“亡六国者，六国也，非秦也。”这个观点得到了广泛的认同。人生如逆水行舟，不进则退，国家间的竞争也是如此。一部战国史，让人感慨万千。有人评论说：灭掉六国的并不是秦，而是六国自己啊。人也如此，真正能够打败自己的，是自己，真正能够拯救自己的，也是自己！

学习笔记

学习笔记

**图书在版编目（CIP）数据**

一口气读懂中国史／将进酒·黄 著．—北京：东方出版社，2020.1
ISBN 978-7-5207-1206-4

I．①一… II．①将… III．①中国历史－古代史－青少年读物
IV．① K220.9

中国版本图书馆 CIP 数据核字（2019）第 198578 号

**一口气读懂中国史·战国故事**
（YIKOUQI DUDONG ZHONGGUOSHI · ZHANGUO GUSHI）

---

**作　　者：** 将进酒·黄
**责任编辑：** 辛春来
**出　　版：** 东方出版社
**发　　行：** 人民东方出版传媒有限公司
**地　　址：** 北京市朝阳区西坝河北里 51 号
**邮　　编：** 100028
**印　　刷：** 三河市嘉科万达彩色印刷有限公司
**版　　次：** 2020 年 1 月第 1 版
**印　　次：** 2020 年 1 月第 1 次印刷
**印　　张：** 70（全 10 册）
**开　　本：** 880 毫米 ×1230 毫米　1/32
**字　　数：** 1570 千字（全 10 册）
**书　　号：** ISBN 978-7-5207-1206-4
**定　　价：** 268.00 元（全 10 册）
**发行电话：**（010）85924663　85924644　85924641

---